“国家数字复合出版系统工程09包”成果

科创板上市实战指南

刘 恩◎著

寻找科技与产业的交点，
争夺高科技企业的定价权。

中国经济出版社
CHINA ECONOMIC PUBLISHING HOUSE
北 京

图书在版编目（CIP）数据

科创板上市实战指南 / 刘恩著. --北京：中国经济出版社，2020.7
ISBN 978-7-5136-5499-9

Ⅰ.①科… Ⅱ.①刘… Ⅲ.①创业板市场-上市公司-中国-指南 Ⅳ.①F279.246-62

中国版本图书馆 CIP 数据核字（2020）第 113095 号

策划编辑 杨 莹
责任编辑 王 建
责任印制 巢新强
封面设计 任燕飞

出版发行 中国经济出版社
印 刷 者 北京力信诚印刷有限公司
经 销 者 各地新华书店
开　　本 710mm×1000mm 1/16
印　　张 18
字　　数 196 千字
版　　次 2020 年 7 月第 1 版
印　　次 2020 年 7 月第 1 次
定　　价 68.00 元
广告经营许可证 京西工商广字第 8179 号

中国经济出版社 网址 www.economyph.com 社址 北京市东城区安定门外大街 58 号 邮编 100011

本版图书如存在印装质量问题，请与本社销售中心联系调换（联系电话：010-57512564）

前言

PRFACE

我国科创板的推出以当前世界经济形势作为参考依据，建立在全国改革开放的战略部署基础上，是资本市场的一次重大创新。科创板是我国资本市场的增量改革，旨在补齐资本市场服务科技创新企业力度不足的短板。

科创板的推出，很重要的一个意义是带动多层次资本市场进行创新，尤其是在现行的证券法制体系基础上实现突破，为科技创新企业提供更便利的融资服务，让我国多层次资本市场体系能够获得进一步发展。

毋庸置疑，以当前情况来看，我国多层次资本市场体系仍然处于不够成熟的状态，尤其是现行的证券法制体系存在缺陷，限制了我国许多科技创新企业的上市，导致这些科技创新企业不得不通过境外上市的方式来获得发展所需资金。

科创板的设立是我国资本市场在制度层面进行的改革创新，尤其是对企业的上市标准实现了创新，让我国未盈利但是具备发展前景的科技创新企业也可以满足上市条件，进而在境内资本市场发行股票并且上市交易。

科创板主要面向的对象是我国战略新兴产业中的中小实体企业，优质的实体企业在这一市场中能够更为方便地融到发展所需资金，其目前所面临的经营难题也会随多层次资本市场的发展迎刃而解。由此可见，科创板的设立将促进中小实体企业进一步获得资本市场的支持。

科技创新企业具有高投入、高风险、研发周期长等特点，需要资本的长期支持与催化。资本市场在帮助拥有真正核心技术与研发实力的企业持续发展，帮助高科技企业吸引更多人才以形成发展的良性循环等方面，具有至关重要的作用。科创板作为实施创新驱动发展战略的“排头兵”，肩负着实现资本市场与科技创新战略深度融合的重任，想要顺利茁壮成长，就必须要打好“创新牌”。因此，科创板无论是在上市门槛、审核要求，还是在发行规定、配售机制等方面，都做出了突破性的安排，尤其是试点注册制方面，这必将会给我国资本市场的改革史留下浓墨重彩的一笔。设立科创板并且试点注册制，对于优质企业上市有着巨大吸引力，相关举措的实施能够有效加快企业上市进程，同时提高资源配置效率，以此来为实体经济提供更好的服务。要知道，科创板与注册制如果运行良好，不仅能够促进实体经济的发展，还可以提高我国经济发展的效率。

立足于此，笔者根据自己多年来学到的理论知识与积累的实务经验，对已经出台的涉及科创板的规则与文件进行了解读，进而帮助读者更为深入地了解和把握科创板的相关要求。总而言之，本书具备以下 3 点特色：

1. 内容全面，易于读者掌握丰富的知识点

本书对科创板已经发布的相关规则与文件进行解析，力求准确。除此之外，本书对某些制度的实践应用做了讲解，使读者能够通过本书了解关于科创板制度的延伸性知识。

2. 案例丰富，便于读者理解

本书在编写过程中，收集了许多拟在或已在科创板上市企业的信息，并将其作为案例进行分析。同时，本书结合相应的理论知识点进行讲解，既增强了可读性，又让读者更容易理解其背后的原理。

3. 内容详略得当，实战性强

本书对证监会、上交所、中国结算公司等单位颁布的与科创板有关的条款进行了解读，并且梳理了其来龙

去脉，对重点内容用相对较多的笔墨进行了详细介绍，让读者在阅读本书时能迅速把握，进而运用到实践中，具有较强的实战性。

本书所涉及的问题力求具有代表性，希望能够为准备入局科创板的企业、投资者提供有效参考。受笔者学识所限，本书难免存在疏漏和不足之处，敬请读者提出宝贵意见和建议，以便进一步修订完善。

刘　恩

2020 年 5 月 8 日

目录
CONTENTS

第一章

“科创板+注册制”刷屏背后的影响

2018年11月5日，在上海举行的首届中国国际进口博览会开幕式上，国家主席习近平发表了主旨演讲并且宣布："将在上海证券交易所设立科创板并试点注册制，支持上海国际金融中心和科技创新中心建设，不断完善资本市场基础制度。"设立科创板并试点注册制的消息一经传出，立即引起多方的关注与热议，众人对"科创板+注册制"所带来的金融创新利好都翘首以盼。

第一节
利好 1：实体经济寒冬迎来暖阳

上海证券交易所（以下简称上交所）微信公众号在 2018 年 11 月 5 日发表的文章中提道：“这次中央决定在上交所设立科创板并试点注册制，对于完善多层次资本市场体系，提升资本市场服务实体经济的能力，促进上海国际金融中心、科创中心建设，具有重要意义，为上交所发挥市场功能，弥补制度短板，增强包容性提供了至关重要的突破口和实现路径。”

科创板的到来，不仅给投资者增加了选择的机会，同时还给自 2018 年以来遭遇寒冬的实体经济注入了一针“强心剂”。

一、实体经济遭遇寒冬

以一直以来备受资本青睐的互联网行业为例，2018 年第三季度，互联网行业招聘职位数量与 2017 年第三季度相比，减少了一半以上，并且连续两个季度都呈现了负增长的态势，收缩幅度比全国行业平均水平要大许多。

2018 年 12 月 11 日，某匿名社交 APP 平台上，有 20 多位认证为“知乎员工”的用户爆料，知乎正在进行裁员，人数 300 人以上，比例或达到 20%。

而对于这一消息，知乎后来进行回应，称只是谣传。事实上，除了知乎以外，网易、京东、斗鱼等互联网大型企业都纷纷陷入裁员风波。

除了互联网行业裁员，2018 年国内还曾出现过股市下跌、P2P 平台爆雷、地产寒冬等事件。从这些事件中可以发现，实体经济发展越来越艰难。

有人说，经济危机“10 年一次，逢 8 必现”。这一说法是否可靠尚且不论，但是 2018 年的确是艰难的一年，尤其是实体经济，其发展前景仿佛笼罩在一层迷雾当中，让众多企业感到焦虑。

二、冲刺科创板

2019 年，实体经济有复苏的迹象。作为资本市场深化改革的重要动作，科创板的设立并且试点注册制可以说是对资本市场现行制度的一次重大突破，并且有利于实体经济获得多层次资本市场的进一步扶持。

2019 年 1 月 23 日，《在上海证券交易所设立科创板并试点注册制总体实施方案》《关于在上海证券交易所设立科创板并试点注册制的实施意见》（以下简称《实施意见》）在中央全面深化改革委员会第六次会议上审议通过。这意味着科创板从宣布设立到推出相关规章制度，仅用了 79 天，而注册制也会通过科创板来试行。

银河证券首席经济学家潘向东在接受采访时表示，注册制的实施对于希望上市的优质企业有着巨大吸引力，将会使其上市进程得以加速，能有效提高市场的资源配置效率，以此来为实体经济发展提供更好的服务。对此，潘向东还表示：“科创板并试点注册制作为当下资本市场发行制度的重大改革，将对我国资本市场产生深远影响。"

三、科创板促进实体经济融资渠道更畅通

对投资者来说，科创板的推出使得投资品种更丰富；而对于实体经济来说，科创板的推出代表着融资渠道更为畅通，市场流动性更强，有助于相关企业摆脱2018年的经营困境。

《实施意见》中强调，科创板坚持面向世界科技前沿、经济主战场、国家重大需求，"主要服务于符合国家战略、突破关键核心技术、市场认可度高的科技创新企业"。也就是说，科创板的主要针对对象是我国新兴战略产业中的优质实体企业，这类企业在科创板市场中将获得更为顺畅的融资通道，其目前所面临的难题也会随多层次资本市场的建立迎刃而解。由此可见，科创板的设立将促进优质实体企业进一步获得资本市场的支持。

上海交通大学安泰经济与管理学院教授吴文锋表示："长期以来，我国经济中的民营企业、初创企业、小微企业都面临着不同程度的'融资难'问题。科创板的设立，有助于拓宽这批企业中符合经济转型升级方向的直接融资渠道，从而获得更好的成长机会。"

另外，潘向东分析说："初创企业将会得到天使投资，中小企业可以在新三板和创业板上市，创新型企业可以在科创板上市，实力较强的企业可以在主板上市。"这样一来，资本市场能够吸引更多的中小实体企业上市，进一步推动我国资本市场整体格局和生态的发展，激发市场活力与打造更完善的市场体系。

需要注意的是，虽然科创板实行的是注册制，但是在未来的实践中，为了避免企业出现“业绩变脸”的现象，制定更为严格的信息披露以及退市制度是科创板的必然要求。同时，科创板还要保证市场定价机制能够得到充分落实，进而保证投资者能顺利实施“用脚投票”的权利，具备发展潜力的优秀企业也可以因此而更加平稳地发展。随着科创板与注册制的落地，相关企业纷纷布局并且希望能够借助上述政策利好尽快上市。因此，上海、浙江等多地证监局接连披露辅导备案的企业名单，这种现象被认为是相关企业为了冲刺科创板上市而做的准备。

第二节
利好 2：拟上市独角兽企业不再背井离乡

整体上讲，科创板在上市制度、交易制度等方面实现了创新，对科技创新企业有较强的包容性，有助于独角兽企业实现在我国资本市场上市的愿望。

一、独角兽企业 A 股难上市

独角兽企业的简单定义是创办时间不长，但是估值能够达到 10 亿美元或以上的未上市企业。

这些年，国内越来越多的独角兽企业选择 IPO（首次公开募股）上市，引起了投资者的关注。公开数据显示，2019 年我国独角兽企业实现 IPO 上市的有 13 家，其中有 8 家在纳斯达克上市，占比约为

61.5%；有2家在纽交所上市，占比约为15.4%；有1家在港交所上市，占比约为7.7%；有1家在深交所主板上市，占比约为7.7%；有1家在创业板上市，占比约为7.7%。以上数据显示，2019年我国赴境外市场上市的独角兽企业有11家，占比约为84.6%。

2019年之前，我国独角兽企业在A股上市的比例并不高，超过80%的独角兽企业选择了在美国或者中国香港上市。造成这种现象的主要原因有3点：（1）企业无法满足A股市场的必须盈利才能上市的要求；（2）A股市场不支持同股不同权模式；（3）A股市场实行核准制，企业难以把控上市时间。

科创板制定的相关条款，能够为解决上述问题提供一定的帮助，也有助于增加独角兽企业在A股上市的概率。

二、独角兽企业可以在科创板上市

接下来，本书从7个角度来分析科创板对独角兽企业释放的利好。

1. 在服务对象上，独角兽企业符合要求

科创板的服务对象是"符合国家战略、突破关键核心技术、市场认可度高的科技创新企业"，也就是重点支持"新一代信息技术、高端装备、新材料、新能源、节能环保以及生物医药等高新技术产业和战略性新兴产业"。

目前，我国独角兽企业大多数是具有核心技术的创新企业，属于科创板的服务对象。

2. 在时间把控上，注册制更加精准

根据《实施意见》要求，计划在科创板上市的企业，其IPO审核权由上交所负责，证监会对其进行监督，并“在20个工作日内决定是否同意注册”。由此可见，科创板所实行的注册制，效率更高，让企业更容易把控上市时间。

3. 在盈利要求上，支持未盈利企业上市

长期以来，许多高市值企业由于尚未盈利，只能止步A股市场，转投境外市场。《上海证券交易所科创板股票上市规则》中设定了5套上市标准，其中引入“市值”指标这一点尤为令人振奋。5套具有差异化的上市标准能够帮助那些已经掌握了核心技术或取得了一定成绩，同时具备良好发展潜力，但尚未盈利的科技创新企业顺利上市，而最符合这一特点的无疑是独角兽企业。

4. 在企业制度上，同股不同权模式获得认可

科创板支持同股不同权企业在满足条件的情况下上市，这对于不想因上市而失去企业控制权的创始人来说，无疑是一大福音。独角兽企业大多数为科技创新企业，在发展过程中需要将大量资金投入研发与生产，为了获取发展所需资金，以股权换资金乃是行业惯例。为了避免因股权过度稀释而使创始人丧失控制权，采取同股不同权模式是企业最好的选择。但在以往的市场中，实施同股不同权的企业难以上市，而科创板的推出使得实施同股不同权的独角兽企业有了上市的机会。

5. 在定价模式上，定价权交还市场

科创板取消了新股发行直接定价的规定，将定价权交还市

场，并且建立了相应的询价、定价、配售机制，摆脱了资本市场新股发行市盈率不高于23倍的束缚。这样一来，独角兽企业的估值相对而言更加合理。

6. 在股价涨跌幅度上，限制有所放宽

独角兽企业具有资金投入规模大、技术开发风险高的特点，很容易引起已上市企业股票价格的大幅波动，干扰人们对其价值的合理评估。《上海证券交易所科创板股票交易特别规定》将科创板股票价格的涨跌幅限制放宽至20%，并且新股上市后的前5个交易日不设价格涨跌幅限制，这能在一定程度上促进独角兽企业合理价格的形成。

7. 在退市制度上，要求更为严格

在退市制度上，科创板取消了暂停上市、恢复上市和重新上市等环节①，要求更为严格。严格的退市制度能够有效提振投资者对企业的信心，进而加强其对独角兽企业的投资力度；而获得更多投资的企业可以专心搞研发，努力将自身做大做强。

由此可见，科创板的推出有助于独角兽企业获得更为完善的上市服务，在一定程度上能够减少独角兽企业背井离乡现象的发生，在促进企业长久发展的同时，也将推动我国资本市场的稳定发展，提升我国资本市场的竞争力。

① 详细内容见本书第八章第五节“退市制度：绝无重新上市机会的严苛退市制度”。

第三节

利好 3：VC 或 PE 机构获得全新退出渠道

VC 或 PE[①] 机构对于科技创新企业的发展能够起到相当重要的作用，而科技创新企业实现上市融资，不仅有助于自身发展，对于 VC 或 PE 机构来说也是利好，尤其是在我国目前 IPO 放缓、科技创新企业集体选择境外上市的情况下，科创板的推出能够帮助 VC 或 PE 机构“走出困境”，并且有效提高资金的周转率。

一、为 VC 或 PE 机构拓宽资金退出渠道

一直以来，我国风险投资机构的主要退出路径是 IPO 上市，而国内 VC 或 PE 机构所支持的企业上市目的地主要是 A 股市场。投中研究院发布的数据显示，2019 年中企 IPO 的 VC 或 PE 的渗透率约为 58%，A 股的渗透率显著高于美股和港股。2020 年第一季度，A 股市场共有 50 家具 VC 或 PE 背景的中企实现上市，VC 或 PE 的渗透率约为 54%。

在我国资本市场当前的发行制度下，机构进行投资及实现资金退出的周期比较长，并且还不一定能够成功退出。据国创联行统计，近 10 年国内 VC 或 PE 的投资累计在 5.4 万笔以上，投资金额

① VC 指风险投资，PE 指私募股权。

超过5万亿元，但退出比例不高，仅为24%左右。

2018年上半年，我国股权投资基金资金退出案例的数量大幅度下降，仅为889笔，与2017年上半年相比下降了50.4%。据《证券时报》报道，2020年第一季度，PE市场的退出案例有293笔，同比下降约为4%；VC市场的退出案例有181笔，同比下降约为5%。

在A股IPO审核趋严的背景下，科创板推出并且试点注册制，等于为科技创新企业提供了新的上市途径，而VC或PE机构也获得了更加市场化的退出渠道。由此可见，对于VC或PE机构而言，科创板推出并且试点注册制无疑是实质性的利好。

对此，申万宏源证券有限公司（以下简称申万宏源）进行了研究并且表示，VC或PE机构资金退出渠道的拓宽，将会使一级市场的活跃度有所提升。而对于注册制的优点，从短期角度来看，能够有效提升科技创新企业的估值；从长期角度来看，能够让机构的资金退出预期更加稳定，同时还有利于VC或PE机构聚焦企业的基本面研究，进而促进一级市场的发展与成熟。

二、促进VC或PE机构发展

这些年，随着互联网的发展与其技术的日趋成熟，VC或PE机构开始加大对科技创新企业的投资力度。但是，由于基金有存续年限问题，而一项技术从开发到成熟再到进入市场，最后形成一定规模，耗时可能10~20年甚至更长，其间或许基金的存续年限早已到期，导致二者在时间上无法契合。科创板的推出却在一定程度上解决了这个问题，它能够增加VC或PE机构的资金退出渠道并且缩减资金退出时间，并进一步提高VC或PE机构的投资收益。

除此之外，科创板能够帮助VC或PE机构加快资金流转，在一定程度上缓解了投资机构募资难的问题。2018年，VC或PE机构在募资业务上遭遇了寒冬。根据投中研究院统计，2018年，VC或PE募集完成基金共有858只，同比下降约为27%；募集金额约为1116亿美元，同比下降约为60%。2019年，VC或PE机构在募集完成基金家数上降幅扩大，但在募资金额上出现增长。VC或PE募集完成基金共有562只，同比下降约为35%；募集金额约为1408亿美元，同比上升约为26%。

众所周知，对于投资机构而言，投资最重要的环节是退出。将资金投入企业不过是一瞬间的事情，但是退出过程却存在众多的不确定因素，并且还要等待较长时间。因此，对于投资机构而言，只有资金的成功退出，一笔投资才算是圆满完成。而随着国内资本市场IPO审核趋严，许多VC或PE机构在进行投资时需要考虑的因素也会增加。不仅如此，企业在境外上市会受国际资本市场变化的影响，导致企业市值下跌，许多在企业发展前期投入资金的VC或PE机构因此处于浮亏状态。在这种环境的影响下，VC或PE机构的投资节奏只能放缓，投资理念也变得更为理性。2018年的VC或PE机构正是在这种背景下进行投资的。

注册制的落地，要求VC或PE机构具备非常强的专业投资能力以及投后管理能力，在这一点上，VC或PE机构中的龙头企业无疑更为受益。目前，我国上市企业的估值中枢要比实行注册制的境外成熟资本市场高，而科创板的设立并且试点注册制，有助于减少二者之间的估值差，让投资者更关注企业自身的成长性。

也就是说，在未来的发展中，VC 或 PE 机构应该努力提升上述两种能力，以此来帮助自己在科创板大展拳脚。毕竟对于 VC 或 PE 机构而言，强大的专业投资能力有助于挖掘高成长性企业，同时还可以在细分领域中实现资源积累；而投后管理能力能够为企业赋能，让企业在获得发展的同时，VC 或 PE 机构的收益也水涨船高。

三、科创板的 VC 或 PE 渗透率

截至 2019 年 4 月 1 日，科创板受理企业达到 31 家，其中有 24 家获得了 VC 或 PE 机构的投资，VC 或 PE 渗透率约为 77.4%，比 2018 年 VC 或 PE 机构参与的中企 IPO 渗透率——56.5%，要高出不少。2019 年，科创板的 VC 或 PE 渗透率超过 90%。

在投资了科创板受理企业的 VC 或 PE 机构中，本土机构的参与度比较高，我国的 VC 或 PE 机构给予了科技创新企业较大力度的支持，比如深创投、浙商创投、海通开元等。

2018 年国内 VC 或 PE 机构的黑马——温氏投资表示，接下来打算投资的项目主要集中在大健康领域，而这些项目都以在科创板上市为发展目标。另外，2019 年 3 月 27 日，在上交所公布的科创板第二批受理企业名单中，温氏投资的直投项目——贝斯达医疗赫然在列，这也是其在科创板中首个获得申请受理的项目。

另外，温氏投资还表示，对于我国医疗器械行业较为看好，随着产业升级以及医疗需求升级，大健康领域将会获得良好的发展机遇。大健康领域也属于科创板的服务范围，与温氏投资的理念相契合。

综上所述，科创板的推出，对于私募股权市场来说，既可以引导 VC 或 PE 机构更多地关注科技创新企业，同时还可以帮助 VC 或 PE 机构实现退出途径的多元化。

第四节
利好 4：普通投资者也有投资科技创新企业的机会

2019 年 3 月 1 日，科创板相关制度规则正式落地，在网络上立刻成为热门话题。以 3 月 2 日科创板在微信指数中的表现为例，“科创板”这一关键词在当天的热度迅速飙升，达到 1489 万，见图 1-1。

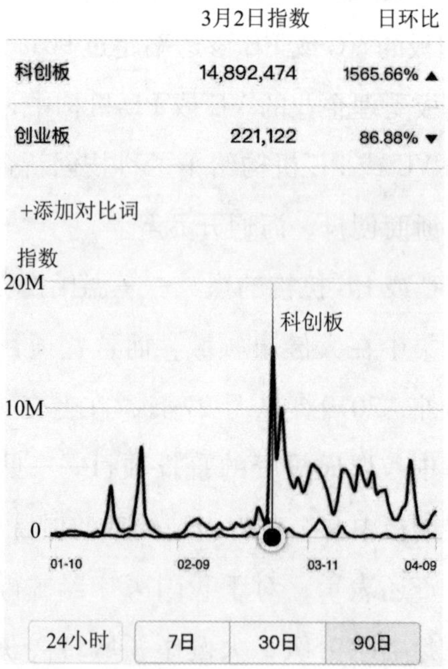

图 1-1　2019 年 3 月 2 日微信指数中的“科创板”和“创业板”关键词对比

除此之外，科创板也公布了投资者的进入门槛，令众多投资者都长舒一口气：这比新三板要求的 500 万元门槛低多了。科创板对于投资者的核心要求只有两点，即 50 万元资产和 2 年证券交易经验。

科创板设立的目的是推动我国科技创新企业的发展，未来还将获得国家较多的资源倾斜，优质企业如果在科创板上市，未来的发展之路将会更为顺畅。科创板进入的门槛较低，将令更多的投资者有机会进入科创板，投资者可以选择自己看好的企业长期持有，与其共同成长，相信能够从中获得丰厚的收益。

一、个人投资者的开户条件

1. 50 万元资产

首先，有两类账户可以用来核实个人投资者的资产是否符合科创板准入门槛的要求，它们分别是：证券账户、资金账户。个人投资者的证券账户必须是中国证券登记结算有限公司（简称中国结算）或者是符合条件的证券公司所开立的。其中，中国结算开立的证券账户形式如图 1-2 所示。个人投资者的资金账户，包括客户交易结算资金账户、股票期权保证金账户等。

其次，个人投资者的证券账户中，并非所有资产都能纳入核实范围，相关规定如下：

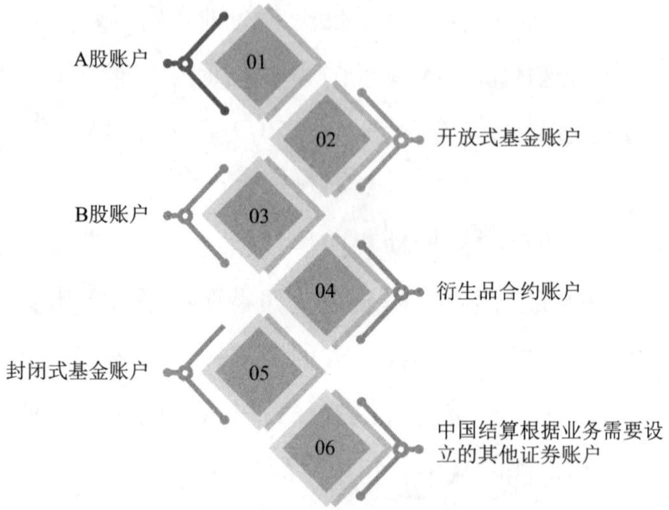

图 1-2　中国结算开立的证券账户形式

（1）如果个人投资者的证券账户是通过中国结算开立的，那么在计算其资产时，可计入的资产种类如图 1-3 所示。

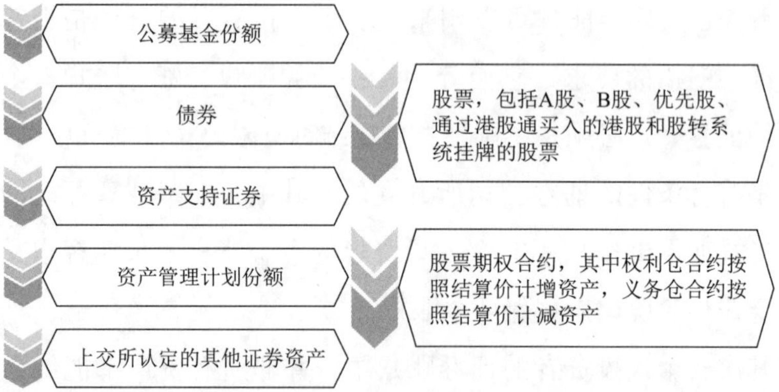

图 1-3　中国结算开立的证券账户内的可计入资产种类

（2）通过证券公司开立的账户来计算个人投资者的资产时，可计入的资产如图 1-4 所示。

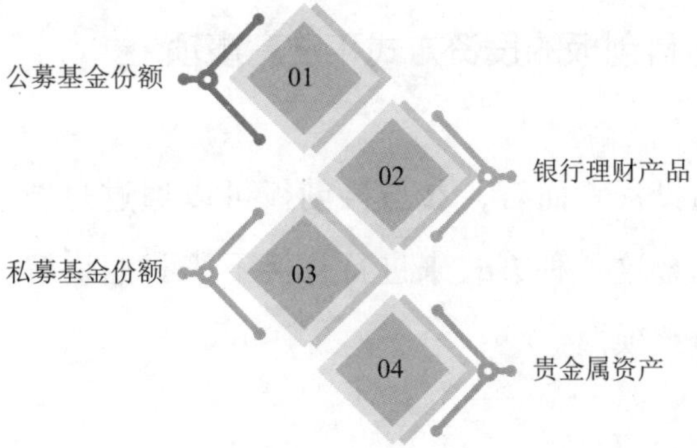

图 1-4　证券公司开立的账户内的可计入资产种类

需要注意的是，与融资类业务有关的资产，对其进行计算时，需要排除融入的证券与资金，并且要以净资产作为计算标准。

2. 两年证券交易经验

对于证券交易经验，上交所认定的方式为：

> 个人投资者参与 A 股、B 股和股转系统挂牌股票交易的，均可计入其参与证券交易的时间。相关交易经历自投资者本人一码通下任一证券账户在上海、深圳证券交易所及股转系统发生首次交易起算。首次交易日期可通过证券公司向中国结算查询。
>
> 符合法律法规及本所业务规则规定的机构投资者，可以直接申请开通科创板股票交易权限，无需满足上述资产和交易经验的条件。

二、参与科创板的投资方式和注意事项

对于普通投资者而言，参与科创板可以通过打新股、二级市场交易以及买基金这 3 种方式来进行，接下来我们讲解一下这 3 种投资方式的注意事项。

1. 打新股

在主板市场，打新的安全性相当高，但是能否中签则需要靠运气。根据科创板的新股申购规则，以上交所股票市值为衡量依据，投资者手中所持有股票的市值要达到 10000 元以上，才可以参与网上申购。申购一个单位的新股需要账户市值达到 5000 元，而不足 5000 元的部分不计入申购额度。需要注意的是，个人投资者不能参与网下打新。

科创板试点注册制，这一点将会让 IPO 定价趋向于市场化，新股的发行价也不再受非市场因素的制约。在这种情况之下，打新股中签稳赚不赔的现象将会消失。对于中签的新股，投资者以往在主板市场中基本遵循“开板卖”的原则，但是科创板首日却不设新股的价格涨跌幅限制，这无疑加大了投资者的投资难度。

因此，投资者进行打新之前，需要认真分析企业的具体情况，比如企业股票的发行价与同行相比是高估还是低估等。要知道，在实行注册制且不设涨跌幅限制的情况下，无论是在国内市场还是国外市场，新股破发的例子并不少见，因此投资者需要谨防破发的风险。

2. 二级市场交易

与主板市场相同的是，科创板也采取了“T+1”交易制度，也就是当天买入的股票第二个交易日才能卖出。但是在其他交易制度上，科创板与主板仍然存在较为明显的区别。上交所相关负责人表示，对于市价订单和限价订单，科创板规定单笔申报的数量应不小于200股，并可以1股为单位进行递增；市价订单单笔申报的最大数量为5万股，限价订单单笔申报的最大数量为10万股。

投资者需要注意的是，选择在科创板上市的企业，其股价在上市后的前5个交易日没有涨跌幅限制，而在这一期间，其股价极有可能发生大幅波动，因此投资者必须注意其中的风险。而在5个交易日后，公司股价的涨跌停比例为20%。

3. 买基金

根据监管机构的建议，上交所将推动基金公司发行一批主要投资于科创板的公募基金产品，投资者可以借助公募基金产品来对科创板企业进行投资。这种投资方式适合大部分投资者，毕竟投资机构会比普通投资者更为专业，获利的可能性也更大。

第五节
利好5：A股长期利好并已带动相关个股上涨

一、科创板利好A股

2019年1月31日，科创板一经推出，当天A股高开低走。截至收盘，上海证券综合指数涨 0. 35%，深证成份指数涨 0. 12%。在笔者看来，设立科创板并试点注册制，能够重塑科技创新企业的估值体系，可在很大程度上改善 A 股的投资环境。

1. 科创板带来上市体系的增量市场

与新三板相比，科创板对企业的上市要求从以盈利为核心，转变为关注企业的成长性。因此，目前尚未盈利的企业也可以申请在科创板上市。对于企业的盈利能力，科创板对其考察期限为两年，在很大程度上缩短了指标的期限要求，让处于发展阶段的科技创新企业能够更早地进行大规模融资，使原来达不到新三板上市要求的企业也可以获得融资机会。

以上海地区的初创企业为例，2018 年上海交通大学发布了“上海城市区域 2017 年度创业指数”，并以图的形式描述了上海初创企业全生命周期的演化情况（见图 1–5）。

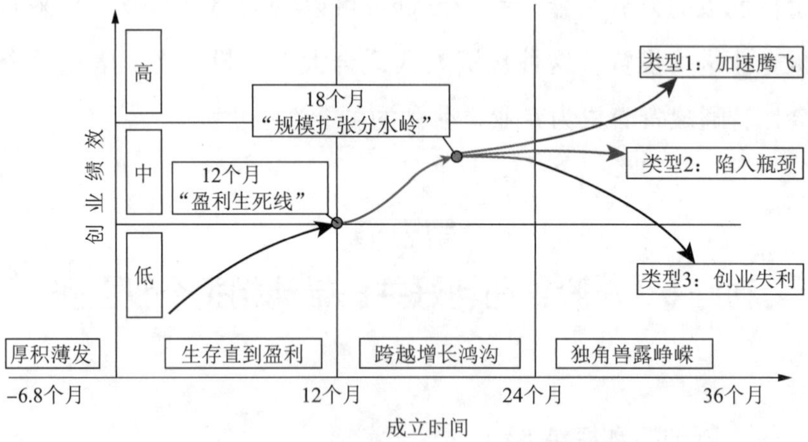

图 1–5　上海初创企业全生命周期演化图

根据上海初创企业全生命周期演化图，大部分初创企业在经营的第一年主要处于回收成本阶段，特别是科技创新企业。不仅如此，《高新技术企业认定管理办法》（国科发火〔2016〕32 号）以及《高新技术企业认定管理工作指引》（国科发火〔2016〕195 号）等，都对科技创新企业的研发成本给出了明确指示，要求必须比同阶段的其他类型企业要高。也就是说，科技创新企业在经营的第一年就必须投入大量资金进行研发，对其收入水平的要求也随之提高。与此同时，科技创新企业在运营初期往往都专注于研发，业务销售模式尚未成型，因此在运营第一年能够盈利的可能性是小之又小。

当企业运营到第三年时，初创企业的差距便会在此时明显显露出来，呈现 3 种状态。第一种，商业模式日趋成熟，核心竞争优势强，发展迅速，并且具备良好的发展前景；第二种，商业模式尚可，但是缺乏竞争优势，企业发展进入瓶颈期；第三种，无论在商业模式还是竞争力上都处于失败状态，企业也因此而走向没落。

对于第一、第二种类型的企业来说，此时获得资金的支持，能够影响其后期的发展。如果这两种类型的企业能够在此时获得大规模的资金支持，那么企业有望实现业务升级以及规模化生产，并且有助于进一步提升企业的核心竞争力，提高其在市场上的地位。

针对以上情况，科创板上市标准考察的企业运营周期为 3 年，净利润为 2 年，这些要求相对合理，对于大部分领域的企业都适用，增加了科技创新企业上市并且获得资金支持的可能性，给融资体系带来了新增量。

除此之外，对于企业发展过程中的市值状况，科创板的上市标准共划分为 5 个，体现了差异化。其中，“标准一”对市值要求较低，而其余标准都通过研发投入比例、现金流以及政府认可度等指标来体现。通过这一变化能够看出，科创板主要根据行业及其发展程度来设置与企业成长状况相匹配的上市标准，而不再死板地考核企业的盈利水平，既体现了科创板对于科技创新企业的包容性，又降低了科技创新企业上市的门槛，并进一步创造了上市体系的增量市场。

2. 科创板对存量市场具有分流效应

科创板属于增量改革，对企业的盈利要求降低，为已经在创业板和新三板上市或挂牌的企业提供了新的融资途径。科创板的转板通道没有对转板公司做过多限制，因此可能会对部分存量市场具有分流效应。从宏观角度分析，设立科创板并且试点注册制，是为了让证券市场进一步市场化，以此来推动以市场为主导的交易机制的形成。因此，科创板所具有的分流效应，其实有助于扩大当下存量资本市场的改革范围。

除此之外，科创板鼓励符合上市条件，但是已经上市的企业将其旗下子公司进行拆分，并且实现子公司的独立上市。这相当于对存量市场进行“映射”，以此来带动资本市场的存量改革。随着科创板的不断发展，这一模式将会倒逼整体资本市场的存量改革，以此来促进我国资本市场的稳定发展。

3. 严格把控增量和存量主体的质量

在增量或者存量分流问题上，与A股其他板块相比，科创板对于其主体的把控更为严格，具体体现在以下两个方面：

（1）设定严格的退市标准，将扣非[1]净利润与营业收入指标引入其中，有效避免企业上市之后通过提高非经常性营业收入等方式来规避退市现象的发生。除此之外，科创板退市制度明确规定，如果上市公司的营业收入主要来源于与主营业务无关的贸易业务或者不具备商业实质的关联交易收入，或者有证据表明公司已经明显丧失持续经营的能力，将按照规定的条件和程序对公司股票启动退市程序。

（2）在科创板当前的退市流程中，暂停上市与恢复上市制度都被取消了，这样一来能够大幅缩短科创板的退市期限。目前，A股其他板块的退市流程耗时4年左右，但科创板能够将退市时长缩减到2年左右。

二、带动相关个股上涨

相关数据显示，2018年，合计131家证券机构的营业收入达到了2662.87亿元，净利润为666.2亿元，其中有25家没有实现盈利。与此同时，经纪、投行、资管、资本中介以及自营业务与2017年相比，都出现了不同程度的下滑，尤其是资本中介业务，与2017年相比下滑了38.3%。除此之外，经纪业务和投行业务的净收入也严重下滑，经纪业务降幅达到了24.1%，投行业务降幅达到了27.4%。

然而，进入2019年，市场行情有所回暖，整体呈现上涨趋势，A股的表现十分积极，其中的重要原因便是受益于科创板的落地。

---

① 扣除非经常性损益。

比如，科创板推出后，市场上出现了与之相对应的预期概念股，有72家上市企业位列预期概念股的名单中。得益于科创板的推出，这72家上市企业中，有30家企业的股价上涨幅度达到了30%以上，有21家则超过了50%，甚至有3家的上涨幅度超过了100%。由此可见，科创板概念对相关企业股价的带动能力。

第六节
大利空：新三板将迎长期利空

设立科创板并试点注册制的消息一经落实，便引起了大众的高度关注。与此同时，曾经备受瞩目的新三板也被拿出来与科创板进行比较。从市场角度来看，目前在新三板挂牌的企业有上万家，这对其而言无疑是一个大利空。对此，如是金融研究院首席研究员朱振鑫表示："中国版纳斯达克不用争了，新三板的冬天可能过不完了。"

一、"中国版纳斯达克"之争

科创板的概念一经提出，资本市场的热情纷纷被点燃，众人都希望能够借助这一东风大干一场，投资者蠢蠢欲动。对于科创板的推出，有投资者甚至高呼这是"中国版的纳斯达克"。

然而，也有投资者表示不服："'中国版的纳斯达克'早就出来了！"这里指的便是经历过短暂辉煌的新三板。新三板在推出伊始，也曾受到众多企业与投资者的热捧，并且企业挂牌数量在2015

年、2016年出现井喷式增长。基于上述背景，投资者对哪个市场才是"中国版纳斯达克"便产生了分歧。

基岩资本投资部总经理范波曾经在接受采访时表示："注册制、50万门槛、上市前5天无涨跌幅限制、不盈利也能上市、允许同股不同权、最严退市规定等开创了很多国内资本市场政策上的先河。"范波提及的这些条款让科创板颇受期待。

与科创板相比，新三板的发展却没有那么顺利，其门槛设置得不太合理。一方面，新三板对于企业的挂牌门槛设置得较低，吸引了大量企业挂牌新三板；另一方面，新三板设立的投资者门槛较高，这便造成了股票供大于求的局面，导致市场的流动性不足。

新三板存在的问题为科创板的推行提供了前车之鉴。因此，科创板在制定从入市、交易到退市的条款与要求时，都从中吸取了教训，各项法规从整体上来说更为合理，前期工作明显准备得更加充分。以目前的发展状况来看，科创板更适合"中国版纳斯达克"这一称号。

二、新三板的冬天

2016年，在新三板挂牌的企业数量高达10163家，远比在上海、深圳交易所挂牌的企业数量多；2017年，在新三板挂牌的企业数量进一步增长到11630家；但是2018年，在新三板挂牌的企业数量为10691家，与2017年相比少了939家。2019年末，新三板挂牌的企业数量下降到8953家。其间，三板成指与三板做市指数都出现过大幅下挫走势，成交量也不太理想，甚至许多到期的私募产品进行变现时，出现无人接盘的情景。

在这种情况之下，科创板的推出，对于新三板来说无疑是雪上加霜。虽然科创板的上市门槛较高，但是其对投资者的准入门槛仅要求 50 万元，远比新三板所要求的 500 万元的门槛要低。除此之外，科创板还有大量公募基金参与，这无形之中吸引了潜在投资者的注意，扩大了入市资金的规模。

由于投资者的准入门槛较低，科创板的流动性明显会比新三板强，企业因此有可能会享受更高的估值。“人往高处走”，在满足科创板上市要求的前提下，上述情况无疑会吸引优质的新三板挂牌企业转板科创板上市。除此之外，一些原本计划在新三板挂牌的企业，如果自身条件符合科创板要求或者自认为未来有望达到，很有可能会放弃新三板而选择科创板。

从投资者的角度来看，科创板重点支持的企业大多属于高新技术行业以及战略性新兴行业，产品技术含量高，发展空间大，而且科创板推出不久，上市企业数量较少，能够提高投资者选股的效率，自然而然投资者更愿意向科创板靠拢。除此之外，由于新三板的准入门槛高，达到新三板准入标准的投资者基本都能够符合科创板开户的要求，因此新三板的投资者被科创板大幅分流是无法规避的。

由此可见，科创板不管是在市场的存量和增量上，还是在投资者的参与程度方面，都给新三板带来了很大的压力。与科创板的高歌猛进相比，新三板估计将会在很长一段时间内处于低迷状态。

三、新三板优质企业扎堆转战科创板

科创板推出以后，新三板优质企业频频转换"赛道"。尤其是当科创板"2+6"个相关制度①落地后，新三板中的优质企业便开始扎堆转战科创板，多家企业发布公告称，打算冲刺科创板，这种现象引起了众多投资者的关注。

2019 年 3 月 4 日，金达莱环保股份有限公司披露公告称，拟申请在科创板上市，成为科创板"2+6"个相关制度落地后，第一家做出此类声明的新三板企业。其实，早在金达莱之前，江苏北人机器人系统股份有限公司就已经以公告形式表明了将会冲刺科创板，并且成为新三板中第一家官宣的企业，同时也是新三板中申请获得科创板受理的首家企业。

与此同时，在 2019（第三届）新三板品牌峰会上，十二届全国人大常委会副委员长陈昌智表示："新三板是科创板的后备力量，新三板的企业也是科创板的可选目标。"

除此之外，全国中小企业股份转让系统有限责任公司新闻发言人表示："新三板挂牌公司选择到包括科创板在内的其他市场板块上市，既是企业基于自身发展需求所做的正常选择，也是多层次资本市场有机联系的重要体现。对于挂牌公司申报 IPO，涉及在新三板的信息披

① 证监会制定发布的 2 个试行管理办法：《科创板首次公开发行股票注册管理办法（试行）》《科创板上市公司持续监管办法（试行）》。上海证券交易所制定发布的 6 项配套业务规则：《上海证券交易所科创板股票发行上市审核规则》《上海证券交易所科创板股票发行与承销实施办法》《上海证券交易所科创板股票上市规则》《上海证券交易所科创板股票交易特别规定》《上海证券交易所科创板股票上市委员会管理办法》《上海证券交易所科技创新咨询委员会工作规则》。

露、停复牌、终止挂牌等事项的办理，目前已有成熟的制度安排，对申报科创板上市的挂牌公司同样适用。挂牌公司在筹备或申报科创板上市期间，无须在新三板摘牌。”这一表述说明新三板企业转战科创板的便利性得以提升，应该能吸引更多新三板企业做出转板决定。

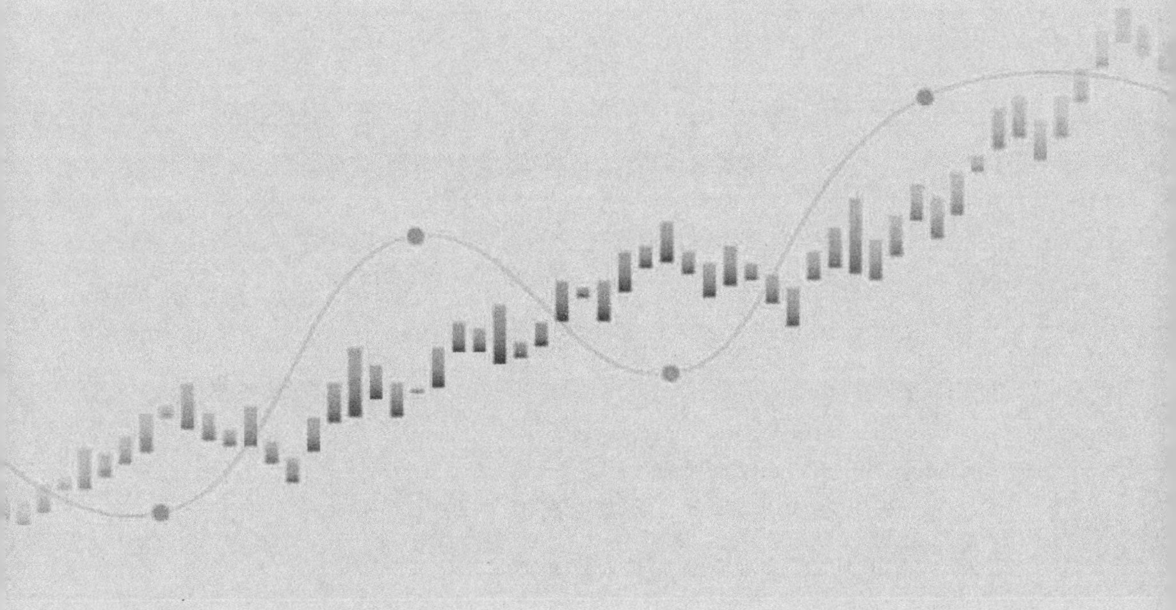

第二章

科创板创新机制亮点解读

2019 年 1 月 28 日，证监会发布了 2019 年第 2 号公告——《实施意见》，这也意味着科创板大幕就此拉开。

随后，涉及科创板的规章制度纷纷发布。这些规章制度，对科创板的定位、上市条件、上市主体等情况做出了明确要求。另外，发行与承销、上市审核具体程序等内容进一步丰富了科创板相关制度的内容。科创板相关制度的推出存在众多亮点，下面就其中的部分内容进行解读。

第一节
来龙去脉：科创板的推出、市场定位与发展历程

一、科创板的推出

2018 年 11 月 5 日，国家主席习近平宣布将在上交所设立科创板并试点注册制。

科创板是独立于现有主板市场而存在的新板块，同时这一新设板块实行注册制，无疑是资本市场的一次重大变革。对于科技创新企业而言，则获得了新的发展路径。与此同时，科创板的推出还有利于增强市场包容性，让市场的主导作用得到强化。

科创板的设立还伴随着新制度的推出，在发行、交易、退市等方面都进行了完善，同时还有引入中长期资金的配套措施，力争能够实现资本市场的投融资平衡，促进现有市场的发展。

二、科创板的市场定位

《实施意见》将科创板定位为：

> 坚持面向世界科技前沿、面向经济主战场、面向国家重大需求，主要服务于符合国家战略、突破关键核心技术、

市场认可度高的科技创新企业。重点支持新一代信息技术、高端装备、新材料、新能源、节能环保以及生物医药等高新技术产业和战略性新兴产业，推动互联网、大数据、云计算、人工智能和制造业深度融合，引领中高端消费，推动质量变革、效率变革、动力变革。

由此可见，科创板的推出是我国落实创新驱动战略的重要举措，同时有助于我国实现科技强国的战略，能够有效促进市场高质量发展，是完善资本市场基础制度的重要安排。在这样的定位之下，科创板想要茁壮成长，便需要将“创新”理念贯彻到底。接下来，我们将从3个角度来对科创板的市场定位进行分析（见图2-1）。

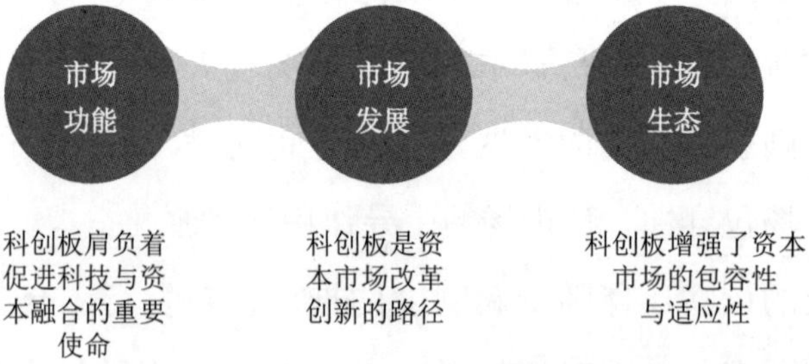

图2-1　3个角度分析科创板的市场定位

首先，从市场功能角度看，科创板肩负着促进科技与资本融合的重要使命。

科技创新企业有3个尤为明显的特点：投入大、周期长以及风险高。因此，这些企业想要进行融资，尤其是进行间接融资，通常会比较困难。但是，科技创新企业需要不断获得资本来维持发展，否则产品创新难以获得突破。资本市场则是科技创新企业获得资金的重要渠道，如果它运行良好就能不断满足企业的融资需求，甚至两者还能形成良性的相互促进关系。

为此，我国资本市场也在不断进行探索，希望帮助科技创新企业获得创新所需资金。但由于种种原因，科技创新企业与资本市场的融合度一直都不高。这便导致我国许多具备发展潜力的科技创新企业离乡背井，到境外上市。而科创板的推出，为解决这一问题提供了新的可能性。也就是说，科创板肩负着促进科技与资本融合的重要使命。

其次，从市场发展角度看，科创板是资本市场改革创新的路径。

监管部门曾经明确表示，在资本市场中，科创板属于增量改革。我国的存量市场目前比较庞大，增量改革可以有效避免对其造成太大影响，同时还能快速积累改革经验，并加速完善资本市场的基础制度。

以科创板所推行的注册制为例，注册制概念早已提出多年，但是一再延迟推出。此次，在科创板推出的同时试点注册制，这不仅仅是为了响应市场的号召，同时还因为这一试点能够在法律体系完善的情况下得到执行。

近些年，我国对于资本市场的监管越发严格，同时还在不断完善相应的制度，这就为注册制试点奠定了良好的基础。而在此次注册制试点过程中，证监会在受理、发行、交易等各个环节都制定了更严格的标准，不但能督促企业重视所披露信息的真实性与全面性，而且有助于投资者筛选出更优质的企业，以此来加强市场的有效性，让投资者可以更放心地投资。由此可见，科创板试点注册制，是资本市场改革的新路径。

最后，从市场生态角度看，科创板增强了资本市场的包容性与适应性。

资本市场不仅是企业融资的场所，同时也是投资者投资的平台。在这一背景下，科创板在盈利状况、股权结构等方面对制度进行了完善，增强了对科技创新企业的包容性和适应性。除此之外，科创板也非常关注投资者的利益保护问题。科创板针对科技创新企业的特点，对投资者进行适当性管理，比如在资产、投资经验等方面进行了严格要求，有助于提高投资者的风险意识。

科创板的推出是促进投融双方携手共成长的有效手段，在投资者权益得到保护的同时，科技创新企业也能走得更远。

三、科创板的发展历程

据上交所披露，截至 2020 年 2 月 28 日，科创板累计受理企业为 210 家，上市公司数量已达 92 家，终止审核企业 25 家。天风证券认为 2020 年或有 160 家科创板企业上市。接下来，我们梳理一下 2019 年 8 月之前，科创板的发展历程。

2018 年 11 月 5 日，国家主席习近平在首届中国国际进口博览会上发表主旨演讲，表示将在上交所设立科创板并试点注册制。

2018 年 11 月 13 日，上交所召开第四届理事会第十次会议，主要讨论设立科创板并试点注册制的问题，并听取了会员理事以及监事的意见与建议。

2018 年 12 月 24 日，证监会召开党委（扩大）会议，明确重点工作之一为确保在上交所设立科创板并试点注册制尽快落地。

2019 年 1 月 23 日，中央全面深化改革委员会第六次会议审议通过了《在上海证券交易所设立科创板并试点注册制总体实施方案》《实施意见》。

2019 年 1 月 30 日，证监会发布《科创板上市公司持续监管办法（试行）》和《科创板首次公开发行股票注册管理办法（试行）》并且公开征求意见；同日，上交所就设立科创板并试点注册制相关配套业务规则公开征求意见。

2019 年 2 月 13 日，证监会召开座谈会，听取行业专家、证券公司、基金管理公司、投资机构以及科创企业代表对设立科创板并试点注册制相关制度规则的意见建议。

2019 年 2 月 20—21 日，证监会围绕设立科创板并试点注册制有关问题，听取市场机构对相关制度规则的意见建议，并调研督导上交所的相关准备工作。

2019 年 3 月 1 日，证监会深夜发布《科创板首次公开发行股票注册管理办法（试行）》和《科创板上市公司持续监管办法（试行）》。

2019 年 3 月 4 日，《上海证券交易所科创板股票发行上市审核问答》正式发布。

2019 年 3 月 15 日，上交所正式发布《保荐人通过上海证券交易所科创板股票发行上市审核系统办理业务指南》与《科创板创新试点红筹企业财务报告信息披露指引》。

2019 年 3 月 18 日，科创板股票发行上市审核系统正式运行，并且接收申请文件。

2019 年 3 月 22 日，上交所公布首批 9 家科创板受理企业。

2019年6月11日，科创板注册程序正式启动。

2019年6月13日，证监会与上海市政府联合举办科创板开板仪式，宣布科创板开板。

2019年6月14日，证监会同意2家企业科创板IPO注册。

2019年6月19日，华兴源创（688001）启动招股，科创板第一股诞生。

2019年7月22日，科创板正式开市，上交所举行科创板首批公司上市仪式。

第二节
利好对象：高科技企业率先受益

证监会在《实施意见》中表明，科创板的主要服务对象为“坚持面向世界科技前沿、面向经济主战场、面向国家重大需求，主要服务于符合国家战略、突破关键核心技术、市场认可度高的科技创新企业”，这一规则凸显了高科技企业在科创板中的重要地位。

众所周知，高新技术企业有很大的发展潜力，但是由于种种原因，导致其难以上市。科创板的推出，对于高科技企业而言，有助于其进行直接融资，以此来帮助企业获得发展资金，进一步推动科技强国战略的实现。

需要注意的是，科创板保荐机构对于企业是否满足高科技定位是有标准要求的。2019年3月18日，监管层提出以“六个是否”来对高科技企业进行判断，具体内容如下：

（一）是否掌握具有自主知识产权的核心技术，核心技术是否权属清晰、是否国内或国际领先、是否成熟或者存在快速迭代的风险；

（二）是否拥有高效的研发体系，是否具备持续创新能力，是否具备突破关键核心技术的基础和潜力，包括但不限于研发管理情况、研发人员数量、研发团队构成及核心研发人员背景情况、研发投入情况、研发设备情况、技术储备情况；

（三）是否拥有市场认可的研发成果，包括但不限于与主营业务相关的发明专利、软件著作权及新药批件情况，独立或牵头承担重大科研项目情况，主持或参与制定国家标准、行业标准情况，获得国家科学技术奖项及行业权威奖项情况；

（四）是否具有相对竞争优势，包括但不限于所处行业市场空间和技术壁垒情况，行业地位及主要竞争对手情况，技术优势及可持续性情况，核心经营团队和技术团队竞争力情况；

（五）是否具备技术成果有效转化为经营成果的条件，是否形成有利于企业持续经营的商业模式，是否依靠核心技术形成较强成长性，包括但不限于技术应用情况、市场拓展情况、主要客户构成情况、营业收入规模及增长情况、产品或服务盈利情况；

（六）是否服务于经济高质量发展，是否服务于创新驱动发展战略、可持续发展战略、军民融合发展战略等国家战略，是否服务于供给侧结构性改革。

接下来，我们以 5 个行业为例，了解一下高科技企业在科创板推出后可获得的机遇。

1. 汽车行业：加速智能革命

在汽车行业中，目前新能源汽车和无人驾驶技术的发展是最受瞩目的。如今，新能源汽车的全球销量不断增长，据环球网报道，2019 年全球销量约为 220 万辆，同比增长 10%。在这场新能源汽车全球争夺赛中，我国目前已经占据了先发优势，并且应用市场庞大，这为中国汽车产业在国际市场上实现“弯道超车”提供了机遇。

另外，汽车行业正在探索的无人驾驶技术，是人工智能领域的核心研究问题之一。无人驾驶领域是人工智能商业化的重要领域，各国都在争相研发，国内的车企和互联网巨头都加大了对该技术的投资力度。无人驾驶技术需要在感知、决策以及执行等环节获得高效稳定的配合，这便涉及大量的零部件生产企业，因此无人驾驶技术的产业链较长。

2. 医药行业：实现创新腾飞

据“投资界”不完全统计，2019 年上半年，国内医疗健康行业发生了 272 起融资案例，背后涉及 VC/PE 机构超 500 家，融资总额近 300 亿元，主要集中在创新药、生物技术、医疗信息化、医疗器械、医疗服务等细分领域。

科创板允许尚未盈利的创新企业上市，有助于创新型医药资产长期发展。概括起来，科创板的设立能够对医药行业产生以下 4 点影响：

（1）创新型生物科技小企业一直处于行业创新金字塔的底部，虽然发展潜力大，但是发展环境较为恶劣；而科创板则能促进这一领域的发展。

（2）目前传统医疗模式受到了新经济的冲击，行业产生了极大的变化；而科创板有助于推动传统医疗模式的改革，比如促进人工智能在医疗领域的应用、医疗信息能够借助大数据实现精准化等。

（3）科创板有助于促进医药行业分工的专业化，驱动医药产业的创新，以此来增强该行业的核心竞争力。

（4）科创板有助于促进行业衍生企业的发展，并且进一步推动医药研发合同外包服务以及医药合同研发生产组织等机构或企业的发展。

3. 电子行业：受益加速成长

依照目前的情况来看，美国的集成电路设计在全球仍然处于主导地位，虽然我国企业是重要参与者，但是在核心芯片的设计上，还是高度依赖美国企业。如今，在我国资本市场上市的芯片设计企业都是在各细分领域中实力超群的企业；但是与美国同等企业相比，在设计能力、发展规模或者盈利水平上都存在很大的差距。科创板的推出为我国芯片零部件企业提供了巨大的发展机会，预计可以带动一批相关企业的成长。

4. 军工行业：迎接价值重估

对于符合国家发展战略并且能够突破核心技术的科技创新企业来说，科创板的推出便是为其提供了一次价值重估的机会。众所周知，科创板的上市考核标准有了重大突破，不再仅局限于利润指标。因此，在科创板中，采用市盈率（P/E）估值法获得高估值来推动企业发展的可能性更大，而科创板也会迎来以技术实力和投入为重点的新估值体系，重塑高科技企业的估值。军工行业尤其是其中的民参军企业也将享受此制度红利。

5. 机械行业：助推新兴制造业升级

由于新兴产业在不断进行创新，技术更迭速度快，这便要求企业设备的技术升级能满足实际需要。为此，装备制造企业必须时刻了解客户需求，并且持续注入大量资金进行研发，形成“客户资源+技术+资金”局面，才能达到构筑技术壁垒并且实现高盈利的目标。另外，随着技术的不断成熟，生产成本不断降低，企业将逐渐享受规模经济带来的好处。

但是，以上情况的出现都需要企业在研发初期投入大量资金，一旦资金链断裂，企业之前的努力将功亏一篑。不过，科创板的推出可以帮助这些企业进行直接融资，以此来支持其继续进行研发。

科创板的推出不仅仅是为科技创新企业解决融资难题，更重要的是帮助真正拥有核心技术与研发实力的企业能够可持续发展，同时帮助这类企业吸引更多人才加入，以形成企业发展的良性循环。

第三节

定海神针：科创板撬动 2019 年新财富效应

科创板一经推出便引起资本市场热议，然而还有很多人对此持观望态度。投资者如果想对科创板的财富效应有一个全面的认知，就需要将其关键信息筛选出来，从整体上进行学习和理解。接下来，我们便对涉及科创板的关键信息进行梳理，共有四大方面。

一、上海国际金融中心

2010 年，我国做出了重大战略部署，计划在 2020 年初步将上海建设为国际金融中心，直接对标伦敦金融中心与纽约金融中心。这一目标的定位非常高，并且当时的国际金融界都认为这一目标难以实现，主要因为伦敦金融中心与纽约金融中心的建立背后都有其时代背景。不仅如此，伦敦金融中心耗费了 200 年时间才取得了国际金融中心的地位，纽约金融中心也耗费了 100 年，而上海想用 10 年时间来实现这一目标，难度自然是非常大的。

上海统计局的数据显示，2019 年上海金融市场的交易总额接近 1935 万亿元，而银行间市场的总成交金额接近 1455 万亿元，占比约为 76%，说明大部分交易集中于银行间市场。也就是说，上海距离达到国际金融中心的水平，仍然有一段距离。因此，近几年，我国的金融资源、政策等，都明显向上海倾斜，以此来加速上海国际金融中心的建设。

除此之外，人民币的国际化进程正在加快，“一带一路”倡议渐渐发力。科创板正是基于上述背景推出的，以证明其不是我国证券市场中的一个可有可无的“小角色”。科创板的设立具有重大的战略意义，是加速上海国际金融中心建设的重要组成部分。甚至可以这样理解：参与科创板，在一定程度上可以共享上海国际金融中心建设过程中的部分红利。

二、百年未有之大变局

“世界处于百年未有之大变局”，是中央高层近年谈及我国所处的国际环境时，多次强调的一个重要论断[①]。该论断背后的含义是指全球政治经济秩序正在重组，历史性的战略机遇正在出现。为了应对这一变局，我国不仅要提前做好准备，并且应该牢牢抓住这一机遇。

另外，细心梳理一下，可以发现我国近些年推出的金融举措都有一定目的性，具体内容如图 2-2 所示。

如果说上海期货交易所推出原油期货的重要目的之一，是争夺国际原油定价权；那么科创板的推出，则有助于我国争夺中国高科技企业的定价权。所以，科创板的推出既是为了满足我国优质的科技创新企业直接融资的要求，又是未来我国资本市场能与纳斯达克展开竞争的重要手段。通过科创板来吸引全球范围内的优质科技创

① 刘建飞：《瞭望智库：何谓“百年未有之大变局”?》，新浪财经，http://finance.sina.com.cn/stock/stockptd/2019-03-03/doc-ihsxncvf9319725.shtml，访问日期：2020 年 1 月 1 日。

新企业来我国上市，我国的投资者才有机会享有这些企业的成长红利。

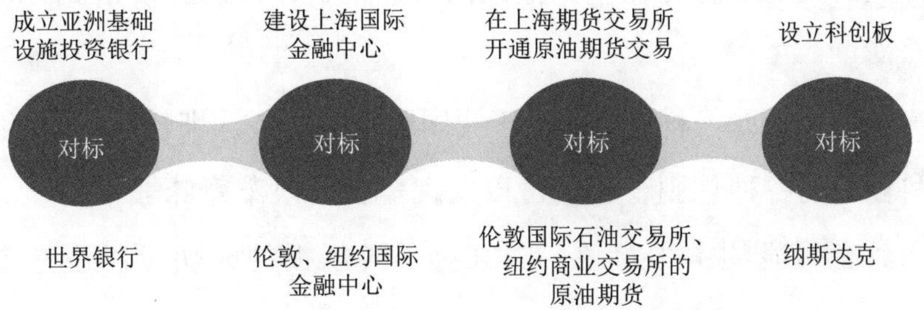

图 2-2　我国近些年推出的金融举措及其对标物

三、试点先行

许多人认为，2019 年是布局未来几年中国股票市场最好的时间点。这种想法背后的依据，便是我国股票市场相对较低的估值。但是，低估值却不一定能吸引场外的增量资金迅速进场，这便要求我国资本市场能出现吸引场外资金进场并且重塑股市估值的契机，以此来助推我国股市步入牛市。

如今，上海国际金融中心的建设正在加速，为了提升其开放程度，就必须与国际接轨。但是，根据目前的实际情况，我国资本市场在制度体系方面与国际市场存在较大差距，因此需要采取一定措施来缩小差距。与此同时，我国资本市场在 2016 年已经发展为市值达 50 多万亿元的大市场，如果仓促对其进行改革，必然存在较大风险。为了解决上述问题，“试点先行”理念便成为资本市场改革的法宝。

“试点先行”可以参考当年建设深圳特区的相关举措。深圳特区在试点时，政策、资金等要素都向其倾斜，因此得以快速发展。借鉴深圳的成功经验并在全国范围内快速推行，我国经济由此开始迅速盘活。

从地位上看，科创板相当于我国股市中的“深圳特区”。仔细阅读科创板的各种规则，我们可以发现蕴含的改革意味非常明显。科创板具有明显的中国特色，国家对于科创板的成功可以说是志在必得。

四、经济转型难题

近年来，我国政府一直强调一个问题，即转变经济增长方式，调整经济结构。然而，要做到这一点，就需要政府将我国目前所存在的以下发展难题解决掉。

1. 融资比例不平衡

以西方发达国家为参照，其直接融资与间接融资比例一直处于5：5的平衡状态，然而我国的直接融资与间接融资比例长期处于2：8的状态，这是我国经济存在的结构性硬伤。

2. 金融系统对实体经济的支持力度不够

近年来，国内资金缺乏对实体经济的支持，导致实体经济融资渠道不畅。尤其是具备发展潜力但尚未知名的中小企业，明显缺乏有效的融资手段和渠道。

以目前情况来看，上述问题的最佳解决办法是大力发展资本市场。只有激活资本市场的流动性，扩大资本市场的规模，才能提高我国直接融资的比例。除此之外，建立完善的资本市场体系，为优质的中小企业提供合理的估值，能够有效提高金融机构对中小企业的信任度，进而促使其对中小企业进行投资或贷款，让资金得以流入实体经济。

国外经验证明，资本市场是金融系统与实体经济建立联系的最佳渠道。目前，由于我国资本市场的制度不完善，导致二者之间存在融资鸿沟。比如，国内A股的主板、创业板等市场规定，企业上市需要连续3年（创业板为两年）盈利，这一规定导致了我国的许多优质企业只能赴境外上市，比如阿里巴巴、腾讯等。

科创板的设立便是针对资本市场这一问题进行变革的重要手段，它在制度上实现了重大突破，让尚未盈利的企业能够上市，并且允许企业设定同股不同权架构，以便让创始人能够掌控企业。另外，企业能够在科创板上市，说明它们的定位是符合国家战略的，是有较大发展潜力的，那么这些企业的估值溢价空间将被打开，同时会带动主板的相关企业进行估值重塑。这样一来，对科创板的上市企业进行投资，就会促进资金流向实体经济。

综上所述，科创板的推出，必然能够吸引增量资金进入资本市场，激发资本市场的活力，进而创造出巨大的财富效应。

第四节
制度创新：注册制的优势与意义

注册制遵循的是公开管理原则，主张事后控制，体现的是更加全面的信息披露新格局。因此，科创板实行注册制也是为上市企业提供公正、公开、公平竞争平台的重要手段。从具体内容看，注册制主要是对拟上市企业进行合规检查，而并不是进行实质性审核，因此其审查程序比较简单，效率相对来说较高。在注册制背景下，企业是否具备投资价值，由投资者自行判断。

一、注册制的优势

如图 2-3 所示，注册制具备以下 3 点优势。

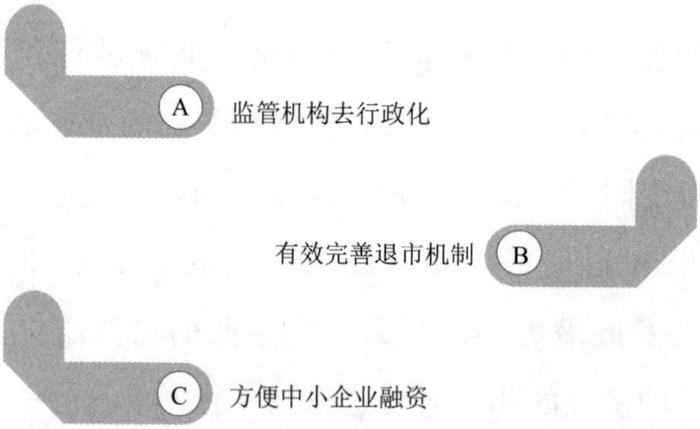

图 2-3　注册制具备的 3 点优势

1. 监管机构去行政化

从目前我国资本市场发展状况来看，企业上市的审批权掌握在证监会发审委手中，这在一定程度上弱化了市场的作用。而实行注册制后，证监会对于上市企业的审核程序将发生变化，由事前审变为事后审，在一定程度上减少了行政色彩。与此同时，交易所可以发挥更大的作用，即企业在上市之前需要满足交易所制定的上市要求，而上市后则要接受交易所的监管。

2. 有效完善退市机制

在核准制下，国内企业IPO上市的过程较为漫长，除了在前期投入大量资金与精力外，还需要准备大量的申请材料。在申请材料提交并得到受理后，企业还要耗费半年甚至是三四年的时间进行排队，才能走到上会环节。即便走到了这一环节，也并非全部企业都能通过最后的审核。例如，据Wind统计，2018年发审委共审核了193家企业的IPO申请，其中111家获得通过，过会率为57.51%。总体来说，当市场实行核准制时，企业上市耗时长、难度较大。由于存在上述情况，企业一旦成功上市，即便将来经营业绩不佳，也不用担心退市，因为其上市公司的身份，也就是大家所说的“壳”，是有利用价值的。也正因如此，“借壳”成为许多拟上市企业的上市手段之一。

对于有可能会被退市的已上市企业来说，为了保住上市企业的“壳”，它们会采取各种手段。比如，2016年*ST济柴通过重组“保壳”。

也正因如此，“保壳”“炒壳”等行为已经形成了一条巨大的利益链。但是，“保壳类”企业的股票可以被定义为“垃圾股”，没有投资价值，继续留在股市只会占用A股宝贵的上市资源，并且损害投资者的利益。不仅如此，这类企业不退市还会扭曲股市的优化资源配置功能，导致资本市场优胜劣汰的作用无法充分发挥，退市制度失灵。

与核准制相比，注册制有利于科技创新企业上市，并且不再需要通过“借壳”的手段上市。

3. 方便科技创新企业融资

科创板实行注册制，降低了科技创新企业的上市门槛，意味着许多符合条件的科技创新企业获得了上市融资的机会。据德勤估计，2020 年科创板将帮助企业筹集资金 1300 亿~1600 亿元。除此之外，科创板的推出与注册制的实施，能够加快民间投资的启动速度，扩大民间投资的规模，有助于就业形势的进一步改善。

二、实行注册制的意义

对我国资本市场来说，注册制的推行对有力推动我国资本市场的改革有重大意义。

注册制的推行不仅能弥补资本市场在扶持科技创新企业上市方面存在的短板，还能推动国民经济向高质量发展转型。除此之外，注册制对企业发行、盈利状况、信息披露、股权结构等方面的制度进行了完善，增强了对高科技企业的包容性，进一步完善了支持创新的资本形成机制。

注册制的推行，还影响了整个资本市场的投资行为，能引导更多中长期资金进入，使我国的资本市场更规范、开放、有活力。

第五节

摸石过河：科创板对多层次资本市场制度创新的带动作用

目前，我国多层次资本市场体系存在缺陷，如服务实体经济的能力不足，上市制度不完善等。这限制了国内许多科技创新企业的IPO上市，导致这些科技创新企业不得不通过境外上市的方式来发行股票并获得融资。

科创板在制度层面进行了一系列创新改革，尤其是对企业的上市标准实现了创新，让未盈利但是具有发展前景的国内科技创新企业也有上市的机会，实现在境内资本市场融资。科创板的推出，无疑弥补了目前我国多层次资本市场体系所存在的一些缺陷，并且对其产生了以下3点影响。

一、对多层次资本市场体系进行了完善

在科创板推出之前，我国的资本市场体系可总结为“2市3板”①（见图2-4），即交易所市场和场外市场，交易所市场包含了主板、中小企业板和创业板，而场外市场目前正在不断探索新模式。

① 不含我国台湾地区和香港地区的资本市场。

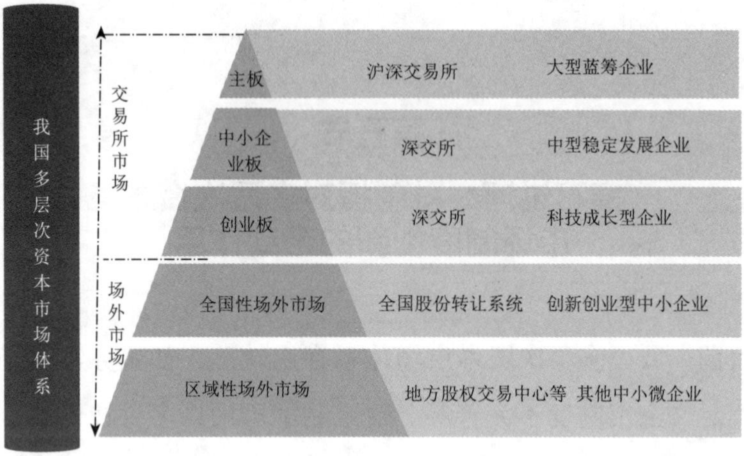

图 2-4 我国多层次资本市场体系

资料来源：Betty：《科创板、注册制来袭，只看这篇解读就够了!》，搜狐，http：//www.sohu.com/a/273414250_475997，访问日期：2019 年 12 月 1 日。

我国全国性场外市场的设立可追溯到 2001 年，由证监会授权中国证券业协会设立代办股份转让系统；在这一基础上，2006 年增设中关村科技园区股份报价转让试点；2012 年，国务院批准设立全国中小企业股份转让系统，该系统自 2013 年 1 月揭牌运营，开启了老三板向新三板转变的过程。

目前，我国的区域性场外市场包括上海股权托管交易中心、齐鲁股权托管交易中心以及北京股权交易中心等。

2017 年，国务院办公厅印发《国务院办公厅关于规范发展区域性股权市场的通知》（国办发〔2017〕11 号），明确了各地股权托管交易中心的功能，比如支持中小微企业发展、推动多层次资本市场长期稳定健康发展等。但是，如何建立主板市场与区域市场的联系，仍然未得到有效解决。

多层次资本市场体系能够促进“大众创业、万众创新”，助推创新驱动发展战略等。然而，在科创板推出之前，我国的资本市场体系对于科技创新企业并没有提供很好的融资环境。

在上述背景下，上交所推出科创板并且试点注册制，在准入标准上实现了新的突破，能让更多的独角兽企业上市并获得融资，降低企业的杠杆率。

二、资本市场的门槛将实质性降低

科创板自推出以来，获得了市场的热烈响应。这一现象背后反映的是科技创新企业融资难的问题，并且科技创新企业迫切希望该问题能够得到及时和有效解决。另外，也反映了科技创新企业对资本市场准入门槛有所降低的期待。

因此，科创板准入门槛的高低是解决上述问题的关键所在。科创板对企业上市的盈利要求虽然有所降低，但是对于企业财务等规范性信息，却提出了更为严格的披露要求。

三、进一步完善转板机制

在我国的多层次资本市场体系中，目前挂牌企业数量最多的市场是新三板，它吸引了众多的中小微企业挂牌上市，同时还试行注册制多年。随着科创板的推出，我国多层次资本市场的转板机制进一步得到完善，比如新三板挂牌企业可以转板至科创板并且不需要摘牌。

但需要注意的是，多层次资本市场有自身的发展规律，科创板也概莫能外。作为多层次资本市场的新生力量，科创板的各项制度还有待完善，而涉及科创板的转板机制仍有进一步完善的空间。

第六节
受理情况：科创板申报企业名单分析

科创板的发展速度远超投资者的预期。截至2019年4月7日，上交所已经受理了8批共50家企业的申报，具体内容见表2-1；截至2019年5月7日，上交所已受理100家企业；截至2020年3月22日，上交所已受理214家企业。

表2-1　科创板首批受理50家企业名单

序号	发行人名称	注册地	行业
1	睿创微纳	山东	计算机、通信和其他电子设备制造业
2	华兴源创	江苏	专用设备制造业
3	利元亨	广东	专用设备制造业
4	江苏北人	江苏	专用设备制造业
5	天奈科技	江苏	化学原料和化学制品制造业
6	科前生物	湖北	医药制造业
7	光峰科技	广东	计算机、通信和其他电子设备制造业
8	安翰科技	湖北	专用设备制造业
9	晶晨股份	上海	计算机、通信和其他电子设备制造业
10	和舰芯片	江苏	计算机、通信和其他电子设备制造业
11	国盾量子	安徽	计算机、通信和其他电子设备制造业
12	微芯生物	广东	医药制造业
13	世纪空间	北京	软件和信息技术服务业
14	贝斯达	广东	专用设备制造业

续表

序号	发行人名称	注册地	行业
15	容百科技	浙江	计算机、通信和其他电子设备制造业
16	特宝生物	福建	医药制造业
17	虹软科技	浙江	软件和信息技术服务业
18	鸿泉物联	浙江	计算机、通信和其他电子设备制造业
19	福光股份	福建	仪器仪表制造业
20	木瓜移动	北京	互联网和相关服务
21	安集科技	上海	计算机、通信和其他电子设备制造业
22	新光光电	黑龙江	计算机、通信和其他电子设备制造业
23	中科星图	北京	软件和信息技术服务业
24	当虹科技	浙江	软件和信息技术服务业
25	交控科技	北京	铁路、船舶、航空航天和其他运输设备制造业
26	传音控股	广东	计算机、通信和其他电子设备制造业
27	中微公司	上海	专用设备制造业
28	赛诺医疗	天津	专用设备制造业
29	澜起科技	上海	计算机、通信和其他电子设备制造业
30	博众精工	江苏	专用设备制造业
31	优刻得	上海	互联网和相关服务
32	聚辰股份	上海	计算机、通信和其他电子设备制造业
33	晶丰明源	上海	软件和信息技术服务业
34	创鑫激光	广东	专用设备制造业
35	海尔生物	山东	专用设备制造业
36	申联生物	上海	医药制造业
37	天准科技	江苏	专用设备制造业
38	美迪西	上海	研究和试验发展
39	南微医学	江苏	专用设备制造业
40	恒安嘉新	北京	软件和信息技术服务业
41	紫晶存储	广东	计算机、通信和其他电子设备制造业
42	龙软科技	北京	软件和信息技术服务业
43	苑东生物	四川	医药制造业
44	乐鑫科技	上海	计算机、通信和其他电子设备制造业

续表

序号	发行人名称	注册地	行业
45	热景生物	北京	医药制造业
46	威胜信息	湖南	计算机、通信和其他电子设备制造业
47	铂力特	陕西	通用设备制造业
48	杰普特	广东	计算机、通信和其他电子设备制造业
49	安博通	北京	软件和信息技术服务业
50	瀚川智能	江苏	专用设备制造业

资料来源：上交所。

接下来本书将通过 6 个维度对上述企业的受理名单进行分析。

一、地域

从地域分布角度分析，这 50 家企业分别来自 14 个省市，超过 50%的企业集中于北上广以及江苏 4 个地区。其中，上海的企业数量是最多的（截至 2019 年 4 月 7 日），共有 10 家。具体内容见图 2-5。

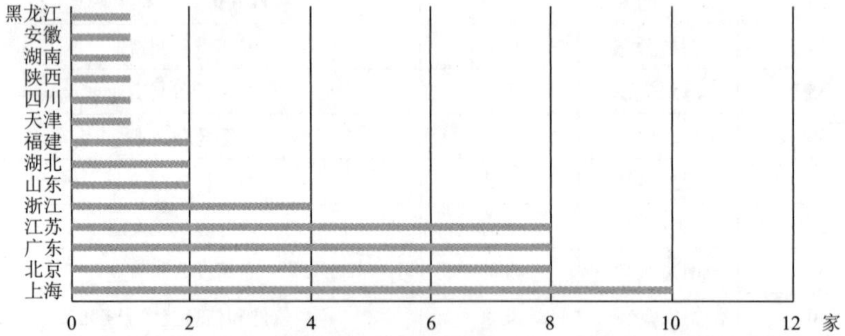

图 2-5　截至 2019 年 4 月 7 日，科创板受理的 50 家企业的地域分布情况

其实，从前 100 家受理企业来看，北上广及江苏的家数仍为最多，共有 68 家。

科创板受理企业之所以主要来自这几个地区，与上述地区的经济实力有很大关系。北上广以及江苏等属于我国经济比较发达的地区，能够为科技创新企业提供更多的资金和更好的发展平台，因此能够吸引更多的优质企业在此发展。

二、行业

从证监会行业分类来看，本文列举的50家企业所属的行业分布为：位居第一位的是计算机、通信和其他电子设备制造业，数量达到16家，占比为32%；专用设备制造业共有13家，排名第二，占比为26%；软件和信息技术服务业排名第三，共计有8家，占比为16%；医药制造业6家，占比为12%；互联网和相关服务2家，占比为4%；化学原料和化学制品制造业，仪器仪表制造业，铁路、船舶、航空航天和其他运输设备制造业，研究和试验发展，通用设备制造业各1家，占比均为2%。具体内容见图2-6。

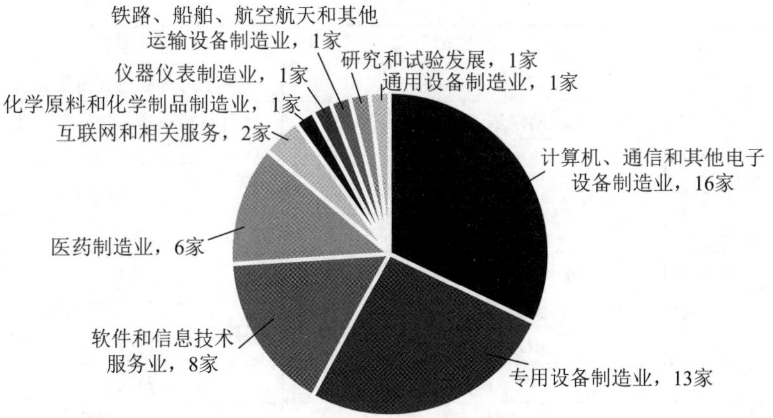

图2-6　截至2019年4月7日，科创板受理的50家企业的所属行业分布情况

三、咨询委员会

另外，值得一提的是，2019年3月21日，上交所公布了《关于上海证券交易所第一届科技创新咨询委员会委员候选人名单公示的公告》，涉及人数为48人。委员来自高新技术产业企业、投资机构、科研院所等，有充分的代表性。从委员所属行业角度看，属于生物医药领域的专家有11人、集成电路领域的专家有9人、投资领域的专家有7人、人工智能领域的专家有6人、新材料领域的专家有5人、新一代信息技术领域的专家有4人、高端装备领域的专家有2人、汽车领域的专家有2人、节能环保领域的专家和军工领域的专家各有1人。在这份48人的名单中，生物医药和集成电路领域所对应的专家数量是最多的，共有20人，共占总人数的比例约为41.7%，具体内容见表2-2和图2-7。

表2-2 上海证券交易所第一届科技创新咨询委员会委员候选人公示名单

序号	姓名	工作单位	职务
1	丁健	中国科学院	上海药物研究所研究员
2	王亚东	哈尔滨工业大学	计算机科学与技术学院院长
3	王晓秋	上汽集团	副总裁
4	王海峰	北京百度网讯科技有限公司	高级副总裁
5	毛军发	上海交通大学	副校长
6	方滨兴	中国电子信息产业集团有限公司	首席科学家
7	尹志尧	中微半导体设备（上海）股份有限公司	董事长、首席执行官
8	邓中翰	中星微电子集团	首席科学家
9	邓龙江	电子科技大学	校长助理
10	邓志东	清华大学	计算机系教授

续表

序号	姓名	工作单位	职务
11	石远凯	国家癌症中心、中国医学科学院肿瘤医院	副主任、副院长
12	叶甜春	中国科学院	微电子所所长
13	包凡	华兴资本集团	董事长、首席执行官
14	冯建峰	复旦大学	类脑智能科学与技术研究院院长
15	朱知寿	中国航发北京航空材料研究院	研究员
16	任忠鸣	上海大学	省部共建高品质特殊钢冶金与制备国家重点实验室主任
17	刘多	中国信息通信研究院	院长
18	刘啸东	赛领资本管理有限公司	总裁、首席执行官
19	李仲平	航天材料及工艺研究所	所长
20	李进	同济大学附属东方医院	肿瘤医学部主任
21	李革	无锡药明康德新药开发股份有限公司	董事长、总裁
22	李蓬	复旦大学	代谢与整合生物学研究院院长
23	何金良	清华大学	电机系高电压与绝缘技术研究所所长
24	沈南鹏	红杉资本	全球执行合伙人
25	张卫	复旦大学	微电子学院执行院长
26	张永明	上海交通大学	含氟功能膜材料国家重点实验室主任
27	张旭	中国科学院	上海分院副院长
28	张江	平安创新投资基金	总经理、管理合伙人
29	张兴	北京大学	软件与微电子学院院长
30	张连山	江苏恒瑞医药股份有限公司	副总裁
31	张宏科	北京交通大学	国家工程实验室主任
32	张磊	高瓴资本	创始人、首席执行官
33	陆珏	浦发硅谷银行有限公司	副行长
34	林向红	苏州民营资本投资控股有限公司	首席执行官
35	欧阳明高	清华大学	汽车安全与节能国家重点实验室主任
36	赵元富	中国航天科技集团有限公司	第九研究院科技委副主任
37	姜澜	北京理工大学	机械与车辆学院院长
38	秦叔逵	南京中医药大学附属八一医院	肿瘤中心主任、临床医学系主任
39	夏宁邵	厦门大学	公共卫生学院院长
40	徐波	中国科学院	自动化研究所所长
41	梅宏	北京理工大学	常务副校长
42	康锐	北京航空航天大学	可靠性与系统工程学院教授
43	彭练矛	北京大学	信息科技技术学院主任

续表

序号	姓名	工作单位	职务
44	蒋华良	中国科学院	上海药物研究所所长
45	蒋昌俊	东华大学	校长
46	谭蔚泓	湖南大学	副校长
47	戴晓虎	同济大学	环境科学与工程学院院长
48	魏化震	中国兵器工业集团	第五三研究所总工程师、中国兵器首席科学家

资料来源：《关于上海证券交易所第一届科技创新咨询委员会委员候选人名单公示的公告》，上海证券交易所，http：//www. sse. com. cn/disclosure/announcement/general/c/c_ 20190321_ 4741190. shtml，访问日期：2019 年 12 月 2 日。

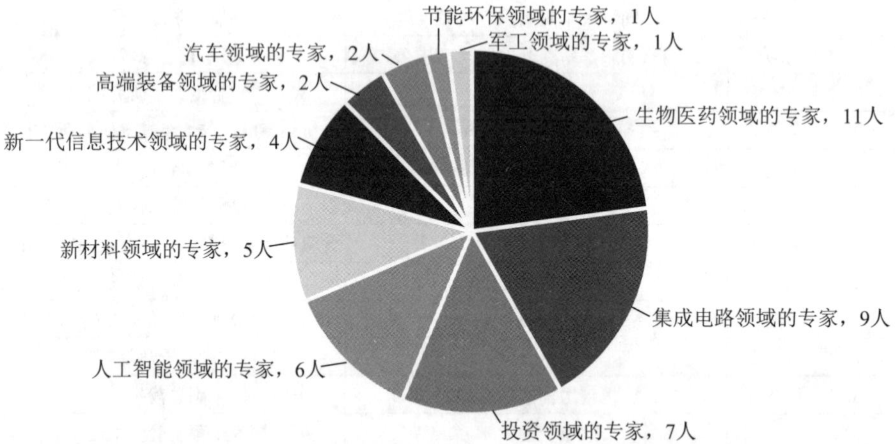

图 2-7　第一届科技创新咨询委员会人员的行业分布情况

科技创新咨询委员会的作用主要是为企业是否符合科创板定位等问题提供咨询服务，因此其人员构成能够在一定程度上体现出哪些行业比较受科创板的青睐。

科创板设立的主要目的，是让具有核心技术并且发展前景良好的科技创新企业能获得更好的融资机会，助推其在核心科技领域实现突破，以此来推动产业升级。由此可知，生物医药、集成电路等行业将长期受益于科创板的推出。

四、募集资金与选择上市标准

有关单位披露的信息显示，科创板受理的这50家企业共计划募资484.71亿元，平均每家约为9.69亿元。其中，优刻得计划募资47.48亿元，传音控股计划募资30.11亿元。

从企业选择的科创板上市标准看[①]，选择第一套标准的有40家，占比为80%；选择第二套标准的有1家公司，占比为2%；选择第三套标准的有3家，占比为6%；选择第四套标准的有6家，占比为12%；没有企业选择第五套标准。

五、业绩

从收入的角度进行分析，这50家企业2018年的平均营业收入为12.84亿元。其中，传音控股营业收入为226.46亿元，也是50家企业中仅有的营业收入在100亿元以上的企业，占比为2%。另外，营业收入低于10亿元的企业高达37家，占比为74%。

与此相对照，2018年3602家A股企业的平均营业收入约为125.43亿元。

由此可见，与3602家的A股上市企业相比，科创板受理企业的平均营业收入处于偏低状态，仅约为A股上市企业的1/10，但是其成长性比A股企业高。这主要是因为A股中的大部分企业属于传统行业。但是，在产业升级背景下，由于成长性较高，科创板企业的

① 详细内容见第三章第二节“上市指标：5套市值标准”。

营收水平将会快速增长。

六、科创竞争力

一家企业是否具备强大科技实力，关键是拥有核心技术与否。有自己核心技术的企业，往往能够提升其产品竞争力，而强大的产品竞争力背后反映的往往是高净利率。但是，企业想要长期保持技术领先地位，必须在研发中投入大量资金。因此，衡量一家企业的科创实力，可以通过净利率、研发占比来进行。

从净利率的角度进行分析，科创板受理的50家企业在2018年的平均净利率为10.30%。其中科前生物净利率达到52.93%，是仅有的利率超过50%的企业。与之相比，2018年3602家A股上市企业的平均净利率为7.46%。

从科研投入的角度进行分析，这50家企业在2018年的整体研发投入占营业收入的比例为8.18%，有27家企业都在10%以上。与之相比，A股上市公司2018年整体研发投入占营业收入的比例为1.61%。

根据以上分析我们可以发现，科创板首批50家受理企业的研发实力高于A股上市公司的整体研发实力，与科创板的定位相符。

相信随着科创板的发展与完善，未来在科创板中必然能诞生一大批实力超群的科技创新企业。

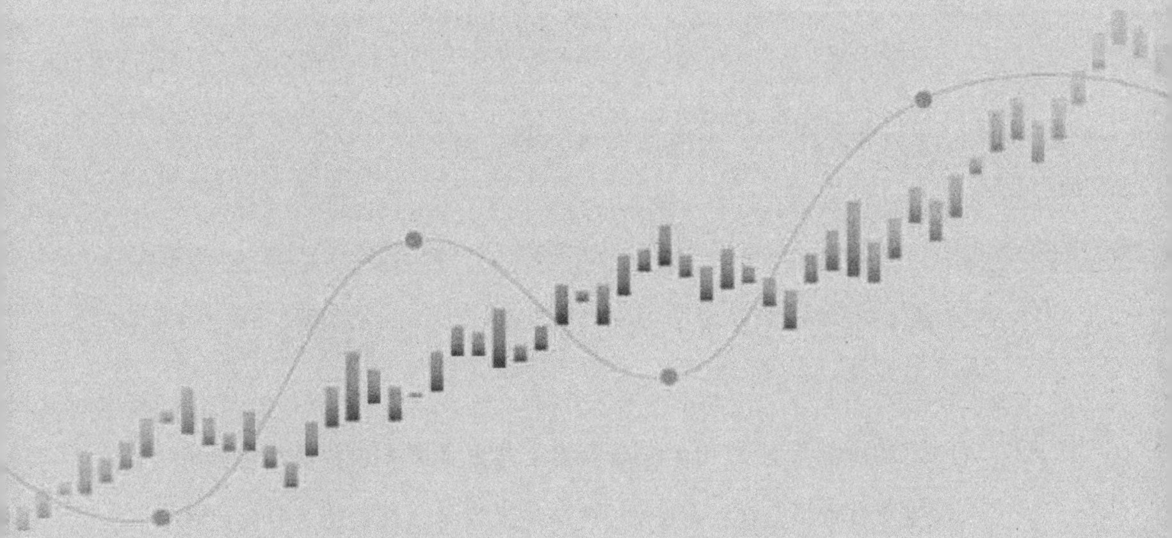

第三章

科创板上市需满足的条件与要求

2019年2月27日，证监会副主席方星海表示科创板注册制与主板核准制是存在差别的：“……无论是注册制还是目前的核准制都有一些发行上市的硬条件。这些条件在设立科创板并试点注册制下有所放宽……注册制试点过程中，新股的发行价格、规模，发行的股票市值多少，发行节奏都要通过市场化方式决定，这和现在的做法有重大的区别。”

2019年3月2日，证监会、上交所发布相关政策，对科创板上市时间、审核标准、信息披露、监管措施等都做出了明确规定。这些政策一出台，也就意味着企业可以申请在科创板上市。与我国资本市场的其他板块相比，科创板为拟上市企业提供了更多的可能性：企业尚未盈利可以上市、企业实施同股不同权架构可以上市等等。

第一节
范围限定：科创板上市企业所属行业

随着科创板推出进程的加快，越来越多的科技企业开始关注科创板。但是，有了新三板的前车之鉴，大家对科创板的态度较为谨慎。有上市打算的企业是否符合科创板的要求，有上市潜质的企业是否选择科创板上市等问题，都需要相关企业谨慎评估。接下来，我们从以下 4 个角度对科创板上市企业的所属行业做出分析。

一、上海市主管领导

2018 年 11 月 20 日，在上交所主持的座谈会上，上海市委书记李强第一次对科创板上市企业的所属行业做出明示："瞄准集成电路、人工智能、生物医药、航空航天、新能源汽车等关键重点领域，让那些具有新技术、新模式、新业态的'独角兽''隐形冠军'企业真正脱颖而出。"

这是政府部门主管领导对科创板上市企业的所属行业首次做出明确表示，随着科创板相关细则的推出，可以发现与李强书记讲话的内容基本契合。

二、证监会

2019 年 1 月 28 日，证监会发布《实施意见》，明确指出"新一代信息技术、高端装备、新材料、新能源、节能环保、生物医药”这六大行业是科创板选择上市企业所属行业的主要标准。同时，《实施意见》还强调了“互联网、大数据、云计算、人工智能和制造业”要深度融合，这也是拟上市企业需要重点关注的行业方向。

除此之外，证监会还在《科创板首次公开发行股票注册管理办法（试行）》中再次提到科创板拟上市企业的行业定位问题：

> 发行人申请首次公开发行股票并在科创板上市，应当符合科创板定位，面向世界科技前沿、面向经济主战场、面向国家重大需求。优先支持符合国家战略，拥有关键核心技术，科技创新能力突出，主要依靠核心技术开展生产经营，具有稳定的商业模式，市场认可度高，社会形象良好，具有较强成长性的企业。

但是，通过对上述条款进行具体分析，我们可以发现，证监会对科创板拟上市企业的行业定位并不够详细，当行业定位落实到具体操作层面时，估计仍有许多问题难以得到解决。另外，如果企业所属行业不在这六大行业范围内，是否就绝对不能在科创板上市，证监会也没有明确表示。

三、上交所

针对证监会对科创板拟上市企业的行业定位不够清晰的问题，我们可以从上交所发布的《上海证券交易所科创板企业上市推荐指引》（以下简称《指引》）中寻找答案。在《指引》中，上交所通过规定保荐机构的推荐职责，对优先推荐的科创板拟上市企业所属行业进行了较为明确的划分。根据《指引》条款，以下三大范围内的企业可以优先登陆科创板。

（一）符合国家战略、突破关键核心技术、市场认可度高的科技创新企业；

（二）属于新一代信息技术、高端装备、新材料、新能源、节能环保以及生物医药等高新技术产业和战略性新兴产业的科技创新企业；

（三）互联网、大数据、云计算、人工智能和制造业深度融合的科技创新企业。

另外，《指引》中还提到了七大领域，明确要求保荐机构对符合这七大领域标准的科技创新企业进行重点推荐。

（一）新一代信息技术领域，主要包括半导体和集成电路、电子信息、下一代信息网络、人工智能、大数据、云计算、新兴软件、互联网、物联网和智能硬件等；

（二）高端装备领域，主要包括智能制造、航空航天、先进轨道交通、海洋工程装备及相关技术服务等；

（三）新材料领域，主要包括先进钢铁材料、先进有色金属材料、先进石化化工新材料、先进无机非金属材料、高性能复合材料、前沿新材料及相关技术服务等；

（四）新能源领域，主要包括先进核电、大型风电、高效光电光热、高效储能及相关技术服务等；

（五）节能环保领域，主要包括高效节能产品及设备、先进环保技术装备、先进环保产品、资源循环利用、新能源汽车整车、新能源汽车关键零部件、动力电池及相关技术服务等；

（六）生物医药领域，主要包括生物制品、高端化学药、高端医疗设备与器械及相关技术服务等；

（七）符合科创板定位的其他领域。

《指引》是对“六大行业”的补充与完善，因此“三大范围”与“七大领域”必然是科创板选择上市企业所属行业方向的重点。虽然上交所没有明确规定六大行业以外企业的上市条件，但是一些具有较强科技创新能力的企业也可以获得推荐，只不过审查条件会更加严格一些，相关规则或许在科创板随后的发展过程中不断进行调整。

有一点必须明确：危害国家安全、公共安全、生态安全、生产安全、公众健康安全的企业，以及属于国家产业政策明确抑制行业的企业，上交所明令禁止推荐其在科创板上市。

四、科创板咨询委委员候选人名单

前文提到过，上交所公布了《关于上海证券交易所第一届科技创新咨询委员会委员候选人名单公示的公告》，在这份名单中，生物医药和集成电路两个领域所对应的专家数量是最多的，而节能环保和军工领域所对应的专家数量最少，均为1人。目前看，节能环保和军工行业还不是科创板发展初期优先考虑的目标，但随着科创板的发展，未来情况或许会有所变化。

综上所述，六大行业内的企业是科创板优先考虑的上市目标。符合国家发展战略并且具有核心竞争力的新兴产业，通常会是科创板发展前期的重点考察对象。如果一家企业符合科创板的上市标准，同时有很强的科技创新能力，那么是可以考虑申请科创板上市的。在这种情况下，企业对科创板的支持有助于企业获得资源倾斜。

第二节

上市指标：5 套市值标准

与 A 股其他板块相比，科创板的上市要求发生了很大变化，尤其是对财务指标的要求，因为科创板更看重企业的持续经营能力。众所周知，科技创新企业前期投入资金较多，极有可能发展数年甚至获得一定规模后也无法盈利，当然，其潜在的盈利能力却是不可小觑的。因此，计划在科创板上市的企业，在上市之前即便处于亏损状态，但只要在市值及财务指标方面满足一定的条件，仍然有机会成功上市。在上交所发布的《上海证券交易所科创板股票发行上市审核规则》当中，企业在科创板上市只需要满足下列标准中的一套（5 选 1）即可。5 套市值标准的详细内容为：

（一）预计市值不低于人民币 10 亿元，最近两年净利润均为正且累计净利润不低于人民币 5000 万元，或者预计市值不低于人民币 10 亿元，最近一年净利润为正且营业收入不低于人民币 1 亿元；

（二）预计市值不低于人民币 15 亿元，最近一年营业收入不低于人民币 2 亿元，且最近三年研发投入合计占最近三年营业收入的比例不低于 15%；

（三）预计市值不低于人民币 20 亿元，最近一年营业收入不低于人民币 3 亿元，且最近三年经营活动产生的现金流量净额累计不低于人民币 1 亿元；

（四）预计市值不低于人民币 30 亿元，且最近一年营业收入不低于人民币 3 亿元；

（五）预计市值不低于人民币 40 亿元，主要业务或产品需经国家有关部门批准，市场空间大，目前已取得阶段性成果。医药行业企业需至少有一项核心产品获准开展二期临床试验，其他符合科创板定位的企业需具备明显的技术优势并满足相应条件。

对于科创板企业上市的 5 套市值标准的制定，上交所发行上市部门的负责人表示，主要基于以下 4 个方面进行考虑。

1. 科创板的基本定位

上交所发行上市部门负责人表示，“对一个板块来说，成功的标志是投融资的平衡。我们毫无疑问希望是能够尽量包容那些处于高速发展期到成熟阶段的这一类企业，因为这样的企业上市之后，它能够由小做到大，真正给投资者带来回报”。

2. 科创板属于增量改革

目前主板、创业板等市场也有科技创新企业上市。因此，对科创板的上市指标进行设计时，必须针对科技创新企业的特点进行考虑。

3. 企业的指标设置

在指标设置上，一方面需要对境外的成熟市场进行研究，学习其成功经验，比如纳斯达克、中国的香港交易所（以下简称港交所）等；另一方面，需要将我国目前所处的发展阶段和企业具有的经营特征考虑进去，既要总结出共性规律，也要体现出差异性。

将上述思路具体化，便是围绕“市值”这一核心内容来设置指标。将企业市值与财务指标相结合，能够有效加强科创板对企业的包容性。对此，上交所发行上市部门的负责人表示，“以市值为核心，很重要的是市场化的程度、投资者的成熟度还有我们市场定价的效率，……一般来说市场定价效率越高，那么设置指标的科学性就越好”。

4. 市值与指标间的逻辑关系

简单来说，企业的经营效果越好，业绩越稳定，那么在申请上市时科创板对其市值的要求便越低。

上交所发行上市部门负责人最后表示，“通过这 5 套标准，我们希望能够更好地包容不同发展阶段、不同行业类型企业上市的需要”。

与 A 股的其他板块相比，科创板的 5 套差异化上市标准明显弱化了财务指标的作用，更为看重企业的市值因素，企业研发投入情况因素也逐渐得到重视。总体上看，科创板更关注企业的可持续发展，从而对上市标准进行了创新，使得上市条件更加多元化。

科创板 5 套差异化上市标准之间是存在一定逻辑关系的，标准之间层层递进，重点考虑企业的发展空间，同时让市值起到一定的约束作用。由此可见，科创板的上市标准在一定程度上与 VC 或 PE 机构对创业企业的重点要求有异曲同工之处。除此之外，科创板的 5 套差异化上市标准各有侧重。

中科沃土基金董事长朱为绎认为："标准一市值门槛为 10 亿元，核心关注点是盈利性；标准二市值门槛达到 15 亿元，核心关注点是研发投入；标准三市值门槛达到 20 亿元，核心关注点是经营性现金流；标准四市值门槛跃升至 30 亿元，要求营业收入在 3 亿元以上，核心关注点是市场占有规模；标准五市值标准达到 40 亿元，对产品研发进展和市场空间提出具体要求，核心关注点是市场前景和核心技术能力。"

在实操方面，前文曾提及 50 家科创板受理企业上市标准的选择情况。根据《上海证券报》公布的数据，截至 2020 年 3 月 22 日，科创板受理企业有 214 家（进入统计范围的企业有 211 家），上市标准一受到企业的高度青睐，211 家企业中有 180 家选择了该标准，占比约为 85.31%；标准四被 15 家企业采用，占比约为 7.11%；第二套、第五套、第三套标准相对冷门，分别有 8 家、7 家、1 家企业选用，占比分别约为 3.79%、3.32%、0.47%。出现上述结果的原因是，如果企业发行股票却没有达到申报时的市值标准，那么企业的股票发行将会失败。因此，为了保证股票能成功发行，众多企业都选择了科创板上市标准一。

当然，除了求稳心理以外，大多数企业选择标准一，是因为这一标准主要注重盈利性，与主板上市标准相对而言比较接近。

第三节
同股不同权模式：备受争议但已经正式采用

一、首家同股不同权模式的企业获受理

2019 年 4 月 1 日，优刻得在科创板上市的申请获得上交所受理，成为首家被上交所受理的同股不同权企业。2020 年 1 月 20 日，优刻得正式在科创板上市，成为中国 A 股市场第一家同股不同权的上市公司。

同股不同权又称双重股权结构或者 AB 股结构，是指在企业的股权架构中，存在两类或者两类以上的投票权情况，通常情况下可根据其性质将它们划分为 A 股、B 股。A 股通常采用“一股一投票权”的方式，由外围股东持有；而 B 股往往由企业的管理层持有，实行“一股 N 投票权”。但是，在优刻得股权结构中，A 股实行的是“一股 N 投票权”，B 股则实行“一股一投票权”。

同股不同权模式既能帮助企业进行融资，同时还可以有效避免因股权过度稀释，导致企业创始人失去控制权的问题，进一步保证了企业的稳定发展。在我国，百度、阿里巴巴、京东等企业都采取了同股不同权模式。除此之外，2018 年 4 月 30 日，港交所发布新上市规则，支持同股不同权模式；7 月 9 日，小米成为首家在港交所上市的采取同股不同权模式的企业。

优刻得是我国中立第三方云计算服务领域的优秀企业，主要从事

研发并且提供企业所需的基础 IT 服务，包括计算、存储、网络等。

《优刻得科技股份有限公司科创板首次公开发行股票招股说明书（申报稿）》披露，在 2016 年拆除红筹架构后，经过多轮融资，截至 2018 年 11 月，企业实际控制人的股份已经被大幅度稀释，季昕华、莫显峰、华琨等 3 位创始人的合计持股比例约为 26.84%，一旦公开发行，其持有的股份将会进一步被稀释，有可能失去企业的控制权，具体内容见表 3-1。

表 3-1　2018 年优刻得股东持股情况

序号	股东名称	持股比例（%）	持股数（股）		
			总股数	其中：A 类股份	其中：B 类股份
1	季昕华	13.9633	50831173	50831173	
2	莫显峰	6.4357	23428536	23428536	
3	华琨	6.4357	23428536	23428536	
4	君联博珩	10.2850	37440660		37440660
5	元禾优云	10.1768	37046834		37046834
6	甲子拾号	5.8392	21256422		21256422
7	中移资本	4.9462	18005895		18005895
8	嘉兴优亮	4.6820	17043874		17043874
9	嘉兴华亮	4.6201	16818672		16818672
10	西藏云显	3.7371	13604179		13604179
11	嘉兴继朴	3.7209	13545238		13545238
12	上海光垒	2.8098	10228634		10228634
13	嘉兴继实	2.4806	9030159		9030159
14	西藏云华	2.2847	8316994		8316994
15	嘉兴全美	2.1705	7901388		7901388
16	西藏云能	1.6822	6123612		6123612
17	嘉兴同美	1.5687	5710392		5710392

续表

序号	股东名称	持股比例（%）	持股数（股）		
			总股数	其中：A类股份	其中：B类股份
18	嘉兴佳朴	1.5505	5644397		5644397
19	北京光信	1.5504	5643850		5643850
20	华泰瑞麟	1.5504	5643848		5643848
21	华晟领飞	1.4410	5245551		5245551
22	上海红柳	1.3442	4893477		4893477
23	嘉兴优信	1.0592	3855921		3855921
24	中移创新	0.8696	3165497		3165497
25	堆龙云巨	0.7695	2801101		2801101
26	陆一舟	0.6312	2297639		2297639
27	孟卫华	0.6312	2297639		2297639
28	堆龙云优	0.5262	1915379		1915379
29	同心共济	0.2381	866667		866667
合计		100.0000	364032164	97688245	266343919

资料来源：优刻得招股说明书。

2019年3月17日，优刻得召开临时股东大会，并且在会议上通过了设置特别表决权股份的议案。议案要求A类股由季昕华、莫显峰、华琨等3位创始人持有，表决权为B类股的5倍。通过设立特别表决权议案，季昕华、莫显峰、华琨等3人的表决权达到64.71%，其中季昕华的表决权达到33.67%，莫显峰和华琨的表决权都为15.52%（见表3-2）。3位创始人手中所持有的表决权使得他们对企业拥有绝对的控制权，能够主导企业的决策。

表3-2 设置特别表决权后的优刻得股东表决权的数量及比例

序号	股东名称	表决权数量（票）	表决权比例（%）
1	季昕华	254155865	33.67

续表

序号	股东名称	表决权数量（票）	表决权比例（%）
2	莫显峰	117142680	15.52
3	华琨	117142680	15.52
4	君联博珩	37440660	4.96
5	元禾优云	37046834	4.91
6	甲子拾号	21256422	2.82
7	中移资本	18005895	2.39
8	嘉兴优亮	17043874	2.26
9	嘉兴华亮	16818672	2.23
10	西藏云显	13604179	1.80
11	嘉兴继朴	13545238	1.79
12	上海光垒	10228634	1.36
13	嘉兴继实	9030159	1.20
14	西藏云华	8316994	1.10
15	嘉兴全美	7901388	1.05
16	西藏云能	6123612	0.81
17	嘉兴同美	5710392	0.76
18	嘉兴佳朴	5644397	0.75
19	北京光信	5643850	0.75
20	华泰瑞麟	5643848	0.75
21	华晟领飞	5245551	0.69
22	上海红柳	4893477	0.65
23	嘉兴优信	3855921	0.51
24	中移创新	3165497	0.42
25	堆龙云巨	2801101	0.37
26	陆一舟	2297639	0.30
27	孟卫华	2297639	0.30
28	堆龙云优	1915379	0.25
29	同心共济	866667	0.11
合计		754785144	100.00

资料来源：优刻得招股说明书。

二、备受争议的同股不同权模式

同股不同权模式在我国传统企业中并不常见，它更多出现在互联网企业中。对这类企业而言，境外资本市场对其上市持较为开放的态度，因此才出现我国相关类型企业纷纷赴境外上市的现象。国外的 FaceBook、谷歌，国内的优酷、百度等企业，都采取了同股不同权的股权架构模式。

但是，同股不同权模式被认为与《中华人民共和国公司法》所提倡的保护股东权益原则不相符，一旦企业控制人与股东的利益出现较大冲突时，由于控制人拥有更多的投票权，极有可能会利用自己的权力来损害其他股东的利益。

曾经，同股不同权模式也不被港交所认同，直到阿里巴巴上市事件的出现。阿里巴巴曾经计划在港交所上市，但由于当时的港交所不认同该模式，导致阿里巴巴最后选择在纽交所上市。

2017 年 12 月 15 日，港交所对上市制度进行改革，即“允许不同投票权架构的高增长及创新产业公司在主板上市”，并且从 2018 年 4 月 30 日开始执行。对于此次变革的原因，香港联交所行政总裁李小加表示：“因为阿里巴巴去美国上市了，我们要是再不改，小米也要去美国上市了。”

港交所对同股不同权上市制度的改革为我国 A 股树立了榜样，由于当时我国资本市场尚不成熟，并且同股不同权的股权架构模式也存在弊端，导致国内资本市场对其争议较大，因此国内资本市场对同股不同权模式企业的上市申请持谨慎态度。

科创板对同股不同权模式企业上市申请的开闸便是一次重大的上市制度改革，为相关企业提供了实验平台，并且将决定权交给市场。科创板对同股不同权模式企业上市的试验一旦取得佳绩，未来A股其他板块也可能会考虑接受同股不同权模式企业的上市申请。

三、我国科创板正式引入同股不同权规则

无论是在2018年进行创新企业存托凭证（CDR）的试点，还是2019年科创板的落地，都是我国资本市场迎接独角兽企业回归的重要措施。证监会在《科创板上市公司持续监管办法（试行）》当中正式引入同股不同权规则：

> 存在特别表决权股份的科创公司，应当在公司章程中规定特别表决权股份的持有人资格、特别表决权股份拥有的表决权数量与普通股份拥有的表决权数量的比例安排、持有人所持特别表决权股份能够参与表决的股东大会事项范围、特别表决权股份锁定安排及转让限制、特别表决权股份与普通股份的转换情形等事项。公司章程有关上述事项的规定，应当符合交易所的有关规定。
>
> …………
>
> 交易所应对存在特别表决权股份科创公司的上市条件、表决权差异的设置、存续、调整、信息披露和投资者保护事项制定有关规定。

除此之外，《上海证券交易所科创板股票上市规则》中还通过

14 条细则明确了具体规定，分别将表决权差异的适用情况、表决权差异限制、永久以及特定情形下的转换等问题一一做了要求。在此，我们将其中的部分重点罗列如下：

1. 允许发行具有特别表决权的股份

（1）发行人首次公开发行并上市前设置表决权差异安排的，应当经出席股东大会的股东所持 2/3 以上的表决权通过；（2）每份特别表决权股份的表决权数量应当相同，且不得超过每份普通股份的表决权数量的 10 倍。

2. 仅允许 IPO 前设置

（1）发行人在首次公开发行并上市前不具有表决权差异安排的，不得在首次公开发行并上市后以任何方式设置此类安排；（2）上市公司股票在科创板上市后，除同比例配股、转增股本情形外，不得在境内外发行特别表决权股份，不得提高特别表决权比例；（3）如果公司的控制权发生变更，上市公司已发行的全部特别表决权股份均应当转换为普通股份。

3. 特别保障

（1）普通表决权比例不低于 10%；（2）单独或者合计持有公司 3%以上已发行有表决权股份的股东有权提出股东大会议案，10%以上的股东有权提议召开临时股东大会；（3）特别表决权股份不得在二级市场进行交易。

通常情况下，采取同股不同权模式的企业都是科技类企业。这类企业由于资产较少，不便通过债券等形式进行融资；但因其成长性较强，采取股权形式融资最为合适不过。随着企业资金需求量的增加，创始人股权被反复稀释，因此选择同股不同权模式是企业最好的选择。也正因如此，科创板与同股不同权模式的契合度相当高。

第四节
上市程序：上交所审核+证监会注册

《实施意见》对科创板的上市审核机制做出了明确规定：

> 上交所负责科创板发行上市审核。……证监会负责科创板股票发行注册。……证监会对上交所审核工作进行监督。……强化事前事中事后全过程监管。

也就是说，企业申请到科创板上市时，不再需要通过证监会发审会的审核，而是通过上交所审核问询后，由证监会进行注册。企业在科创板上市与在主板上市的流程不同，因此企业与券商的上市程序也需要有所改变。

科创板之所以拟定"上交所审核+证监会注册"的上市流程，是因为根据我国相关法律法规，上交所属于自律组织，不具备行政审批权。

对于上交所的职能，证监会相关负责人表示："交易所主要通过向发行人提出审核问询、发行人回答问题方式开展审核工作，基于科创板定位，判断发行人是否符合发行条件、上市条件和信息披露要求。交易所按照规定的条件和程序，做出同意或者不同意发行人股票公开发行并上市的审核意见。同意发行人股票公开发行并上市的，将审核意见、发行人注册申请文件及相关审核资料报送中国证监会履行发行注册程序。不同意发行人股票公开发行并上市的，做出终止发行上市审核决定。”

针对“上交所审核+证监会注册”的科创板上市流程，本书梳理了以下 9 个步骤，以供大家参考。

1. 正式申请上市之前的准备工作

首先，企业需要聘请并且组成一个科创板上市合作团队，其中包括获得保荐资格的证券机构、具备证券期货业务资格的会计师事务所以及专业的律师事务所。

其次，着手初步尽职调查，并且根据结果出具企业的改制方案。另外，企业可以通过改变组织结构或者新设股份有限公司成为上市主体。

再次，在提交发行上市申请文件之前，对于一些与上市相关的但是难以理解或者存有疑问的问题，企业以及保荐人都可以登录上市审核业务系统来与上交所进行沟通；如果需要进行当面沟通，那么可以通过上市审核业务系统预约。

最后，证券服务机构对上市主体进行详细的尽职调查，并且针对不足出具方案，制作符合上市规定的申请文件。另外，证券服务机构还要给企业做上市辅导，辅导结束后上市主体向上交所提交在科创板上市的申请。

2. 受理/补正

按照相关规定，上交所收到企业的申请文件后，是否对企业申请进行受理，会在 5 个工作日内给予答复。如果上交所受理企业的上市请求，就需要对企业的相关信息进行预披露。也就是说，一旦受理，上交所需要在当天预先披露相关信息，内容包括企业的招股说明书、发行保荐书、上市保荐书、审核报告以及法律意见书等相关文件。

除此之外，如果企业的上市申请存在手续不齐全、填写文件不规范，或者是申请文件存在缺少签字、印章的情况，上交所将会发出《补正通知书》。当企业收到补正要求后，需要在 30 天内完成补正工作。

3. 交存底稿

在上交所受理上市申请的 10 个工作日内，保荐人需要将保荐工作底稿、验证版招股说明书以电子文档的形式报送给上交所，以供监管备查。

4. 首轮问询

在上交所受理上市申请的 20 个工作日内，上交所将会对受理企业进行审核，内容一般会涉及与其行业相关的专业问题，比如与企业业务、技术相关的问题。对于这些问题，审核人员将会向科技创新咨询委员会进行咨询，或者是约见问询与调阅资料、进行现场检查等。

5. 问询回复

在上交所将首轮审核问询的问题发出后，企业可以通过发行上市审核业务系统与上交所进行沟通，也可以通过上市审核业务系统预约，双方进行当面沟通。需要注意的是，企业问询回复的时间总计不能超过 3 个月。而在企业对首轮问询进行回复后，上交所需要及时在网上披露首轮审核问询以及企业的问询回复内容。

6. 多轮问询

上交所在收到企业的首轮审核问询回复后的 10 个工作日内，如果仍有需要进一步问询的问题，或者发现新的问题，都可以再次问询。在所关心的问题都得到解决之后，上交所可以对企业的上市申请出具审核报告，并将其提交给上市委员会。需要注意的是，根据规定，上交所需要在 3 个月内决定是否同意企业的股票公开发行上市。

7. 上市委员会审议

在发出召开上市委员会会议的通知之前，上交所需要预先披露经过修改的招股说明书以及其他文件。一般而言，上市委员会由 30~40 名成员组成，在审议企业的申请文件及情况时，每次需要抽选出 5 名审议委员参与会议讨论，其中必须包括会计专家以及法律专家，至少各 1 名。会议讨论结束时，根据少数服从多数原则来形成最终的审议意见。

需要注意的是，根据要求，从上交所受理之日起到上市委员会审议意见的形成，时间不能超过 6 个月。也就是说，从第二步的“受理/补正”到第七步的“上市委员会审议”等工作需要在 6 个月内完成。

8. 证监会注册

上交所出具同意企业发行上市的审核意见后，会将结果转报给证监会；证监会针对审核意见，可以重点关注审核内容是否存在遗漏、审核程序是否合规，以及企业方在发行条件和信息披露等方面有没有出错等问题。当发现问题时，证监会可以要求上交所进一步反馈问询，并且需要在20个工作日内决定是否同意企业注册发行。与此同时，将预先披露经过修改的招股说明书以及对其他文件进行更新。

9. 发行上市

企业在证监会同意注册后，需要按照规定披露招股意向书，并且在询价工作结束后披露招股说明书以及发行新股，在满足上市条件的情况下实现上市。值得一提的是，发行上市的有效期是在证监会同意注册决定做出的1年时间内。如果企业在向上交所报备发行与承销方案时，上交所没有异议，并且在5个工作日内进行审批，那么上市主体便可以依法刊登招股意向书。但是，如果上市主体在这1年期间发生重大事项导致不符合发行条件，那么证监会的注册决定也会随之撤销。

没有通过上交所审核或者证监会注册的企业，可以在上交所或证监会做出决定当天起的6个月后，再次提出科创板上市申请。

需要注意的是，科创板对于“重大事项”尚未做出明确规定，因此上市主体需要时刻保持谨慎的态度，避免出现差错。

第五节

消除分歧：研发支出资本化与政府补助损益列报

科创板重点强调主要服务对象为具备科技创新实力的企业，具体来说，就是申报主体通过持续投入资金来研发技术，以形成核心竞争力，并将成果转化为产品或服务。反映企业科创实力的最具代表性的指标便是研发投入占营业收入的比例。

基于科技创新企业前期投入大、培育期长等特点，科创板对研发投入的真实性以及占比的要求比较严格。

在科创板上市标准中，研发投入占比是重要指标之一："最近三年累计研发投入占最近三年累计营业收入的比例不低于15%。"除此之外，科创板允许亏损企业上市等突破性规定；《上海证券交易所科创板股票发行上市审核问答》中对研发支出资本化处理的要求；在满足相关条件的前提下，可将科技创新企业的研究项目的政府补助列入经常性损益进行处理，上述举措都与科技创新企业的特点相契合。

一、研发支出资本化处理的要求

研发支出的费用化或资本化处理会对企业利润产生影响，科技创新企业的特点决定了其研发多处于研究阶段，这方面的支出应该做费用化而不是资本化处理。科创板为了鼓励企业进行研发投入，适度放宽了研发支出资本化处理的要求，有条件允许部分科技创新企业对研发支出做资本化处理。《上海证券交易所科创板股票发行上市审核问答》中关于研发支出资本化处理的具体内容如下：

> 14. 发行人存在研发支出资本化情况的，信息披露有哪些要求？中介机构应当如何进行核查？
>
> 答：（一）研发支出资本化的会计处理要求
>
> 发行人内部研究开发项目的支出，应按照《企业会计准则——基本准则》《企业会计准则第6号——无形资产》

等相关规定进行确认和计量。研究阶段的支出，应于发生时计入当期损益；开发阶段的支出，应按规定在同时满足会计准则列明的条件时，才能确认为无形资产。

在初始确认和计量时，发行人应结合研发支出资本化相关内控制度的健全性和有效性，对照会计准则规定的相关条件，逐条具体分析进行资本化的开发支出是否同时满足上述条件。在后续计量时，相关无形资产的预计使用寿命和摊销方法应符合会计准则规定，按规定进行减值测试并足额计提减值准备。

（二）发行人信息披露要求

发行人应在招股说明书中披露：

1. 与资本化相关研发项目的研究内容、进度、成果、完成时间（或预计完成时间）、经济利益产生方式（或预计产生方式）、当期和累计资本化金额、主要支出构成，以及资本化的起始时点和确定依据等内容；

2. 与研发支出资本化相关的无形资产的预计使用寿命、摊销方法、减值等情况，并说明是否符合相关规定。

发行人还应结合研发项目推进和研究成果运用时可能发生的内外部不利变化、与研发支出资本化相关的无形资产规模等因素，充分披露相关无形资产的减值风险及其对公司未来业绩可能产生的不利影响。

（三）中介机构核查要求

保荐机构及申报会计师应关注以下事项，并对发行人研发支出资本化相关会计处理的合规性、谨慎性和一贯性发表核查意见：

1. 研究阶段和开发阶段的划分是否合理，是否与研发活动的流程相联系，是否遵循了正常研发活动的周期及行业惯例，并一贯运用，研究阶段与开发阶段划分的依据是否完整、准确披露；

2. 研发支出资本化的条件是否均已满足，是否具有内外部证据支持。重点从技术上的可行性，预期产生经济利益的方式，技术、财务资源和其他资源的支持等方面进行关注；

3. 研发支出的成本费用归集范围是否恰当，研发支出的发生是否真实，是否与相关研发活动切实相关，是否存在为申请高新技术企业认定及企业所得税费用加计扣除目的虚增研发支出的情形；

4. 研发支出资本化的会计处理与可比公司是否存在重大差异。

研发支出资本化的首要条件是企业研发项目本身应具有如下特点：技术具有独创性，市场暂时没有出现类似的技术，虽然在前期需要非常大的投入，但是后期却能获得非常高的收益。那么这类项目才适合进行研发支出资本化处理。

除此之外，科创板对于进行研发支出资本化企业项目的可靠性要求非常高。一方面，企业的研发项目需要在研发周期上与行业惯例相符，其他活动也应当达到行业的平均水平。对于开发项目所处周期，则进行严格界定。另一方面，项目在研发过程中，需要项目立项、成果申请等关键外部证据的支撑，以此来彰显项目的可靠性。

下面分析上述规则在科创板首批申报上市企业中的实际执行情况。上交所公开数据显示，截至2019年9月5日，在科创板成功注册上市的32家企业中，5家企业存在研发支出资本化现象，占比约为15.63%；27家企业均将研发支出全部费用化，占比约为84.37%。通过以上数据可以看出，大多数科创板上市企业对于研发支出资本化处理持谨慎态度。换句话说，这些上市公司选择了将研发支出费用化处理。对于希望在科创板上市的企业而言，研发支出的处理方式是否合规，是监管部门关注的重点，企业需要认真对待。

二、调整政府科研项目补助的非经常性损益认定规则

目前，企业在主板和创业板上市时，所有与科研项目相关的政府补助都被列为非经常性损益而加以扣除。如果一家企业承担了较多的政府科研项目，在这种情况之下，将会出现两个问题：第一，政府补助收入需要进行扣非处理；第二，研发支出列入期间费用，不能进行扣非和研发支出资本化处理。

在《上海证券交易所科创板股票发行上市审核问答》的第15条中，表示将科研项目的政府补助列入经常性损益，与以往的规则相比，这无疑是突破性的变化。《上海证券交易所科创板股票发行上市审核问答》中关于调整政府科研项目补助的非经常性损益认定的具体内容如下：

15. 发行人存在科研项目相关政府补助的，在非经常性损益列报等信息披露方面及中介机构核查方面有哪些要求？

答：发行人科研项目相关政府补助的非经常性损益列报应当符合以下要求：

（一）会计处理要求

发行人将科研项目政府补助计入当期收益的，应结合补助条件、形式、金额、时间及补助与公司日常活动的相关性等，说明相关会计处理是否符合《企业会计准则第16号——政府补助》的规定。

（二）非经常性损益列报要求

发行人应结合承担科研项目是否符合国家科技创新发展规划、相关政府补助的会计处理方法、补助与公司正常经营业务的相关性、补助是否具有持续性等，说明将政府补助相关收益列入经常性损益、而未列入非经常性损益是否符合《公开发行证券的公司信息披露解释性公告第1号——非经常性损益》的规定。

（三）发行人信息披露要求

发行人应结合国家科技创新发展规划、公司承担科研项目的内容、技术创新水平、申报程序、评审程序、实施周期和补助资金来源等，说明所承担的科研项目是否符合国家科技创新规划。

发行人应在招股说明书中披露所承担科研项目的名称、项目类别、实施周期、总预算及其中的财政预算金额、计入当期收益和经常性损益的政府补助金额等内容。

（四）中介机构核查要求

保荐机构及申报会计师应对发行人上述事项进行核

查，并对发行人政府补助相关会计处理和非经常性损益列报的合规性发表核查意见。

当然，将科研项目的政府补助列入经常性损益，需要在满足企业经营业务与政府补助的科研项目具有相关性、补助具有持续性等条件的情况下才有可能实现。在实际操作中，企业经营业务与政府补助科研项目的相关性是比较容易界定的，但是补助的持续性方面却不好判断。

2017年，修订后的《企业会计准则第16号——政府补助》要求：

企业应当在利润表中的“营业利润”项目之上单独列报“其他收益”项目，计入其他收益的政府补助在该项目中反映。

这一规则落地之后，财务报表列报变化所体现的业务实质和对非经常损益的认定便开始出现分歧；而科创板将科研项目的政府补助列入经常性损益，或许能够消除上述分歧。

第六节
招股说明书编制：《科创板公司招股说明书》编制核心原则

招股说明书是企业申报上市的重要材料，对于审核环节来说非常重要。2019年3月，证监会公布了《公开发行证券的公司信息披露内容与格式准则第41号——科创板公司招股说明书》（以下简称

《准则第 41 号》)，并且要求自公布之日起开始施行。

对于《科创板公司招股说明书》编制中应遵循的核心原则，证监会发审委专职委员郭旭东在接受采访时表示：“首先要紧扣板块定位，强调科创板企业特色的信息披露，反映科创板基础制度创新；还要以投资者需求为导向，着力提升信息披露事项，提升信息披露的有效性、强调重要性原则；优化财务会计信息架构，提高对企业投资价值判断的信息有效性；明确发行人信息披露责任，强化中介机构的把关责任；突出投资者保护。”本书将这一段话进行拆分并解读，可总结出以下 5 个方面的内容：

一、“首先要紧扣板块定位，强调科创板企业特色的信息披露，反映科创板基础制度创新”

1. 行业发展与业务披露方面

根据《准则第 41 号》要求，科创板企业编制的招股说明书应对发行主体所处行业的基本情况进行披露，重点披露内容为近 3 年来，所处行业在新业务、新产业、新业态、新模式等方面的基本情况以及未来发展趋势。另外，在产品（业务）与技术方面，发行人最好能体现出先进性、创新性以及持续创新能力。

2. 核心人员与技术创新机制方面

在核心人员方面，招股说明书主要披露核心技术、研发人员占员工总数的比例，学历背景构成及所获奖项等内容。在技术创新机制方面，发行人需要将保持技术不断创新的机制、安排、未来发展战略等披露出来。

3. 风险因素方面

招股说明书需要披露的风险因素包括技术、经营、内控、财务、法律、发行失败、尚未盈利或存在累计未弥补亏损的风险、特别表决权股份或类似公司治理特殊安排，以及能严重影响公司持续经营的其他因素，重点披露的风险需要结合科技创新企业的特点。

4. 募集资金投向方面

科技创新企业的资金大多投向高技术研究项目，有时难以对其做出清晰界定和进行量化考核。为此，科创板对企业募集资金投向的规定借鉴了国际成熟市场的做法，并对发行人募集资金投向的披露制度进行了优化。除此之外，发行人还需要披露募集资金的管理制度。

5. 特殊事项方面

特殊事项包括发行人跟投项目的基本情况、协议控制架构的具体安排，以及尚未盈利的企业所存在的特殊问题等。

二、“以投资者需求为导向，着力提升信息披露事项，提升信息披露的有效性、强调重要性原则，对保荐机构信息披露的水准和深度提出更高的要求”

1. 发行人及中介机构应该披露的基本信息

根据《准则第 41 号》第五节“发行人基本情况”的要求，发行人应该披露自身的基本情况，包括董事、监事、高级管理人员，以及企业核心技术人员的基本信息，比如学历及专业背景、职称、主要业务经历和实际负责的业务活动等，以此来加深投资者对企业的了解。另外，《准则第 41 号》的第二节“概览”还提供了发行人及中介机构基本信息披露时的参考格式，见表 3-3。

表 3-3　发行人及中介机构基本信息的参考格式

（一）发行人基本情况			
发行人名称		成立日期	
注册资本		法定代表人	
注册地址		主要生产经营地址	
控股股东		实际控制人	
行业分类		在其他交易场所（申请）挂牌或上市的情况	
（二）本次发行的有关中介机构			
保荐人		主承销商	
发行人律师		其他承销机构	
审计机构		评估机构（如有）	

2. 公司治理等方面信息的披露

《准则第 41 号》第七节“公司治理与独立性”规定，发行人需要按照规定披露关联方、关联关系以及关联交易。除此之外，发行人还需要披露公司治理手段与同业竞争等内容。

3. 信息披露也要突出重点

为了保证重要信息的有效性，竞争调查与结论性意见不需要在招股说明书中披露。与发行人投资决策关联度不高的信息需要抓重点，适当简化后再进行披露。除此之外，企业发展历史沿革以及重大资产重组等信息，既需要披露，又需要做适当简化。

4. 其他重要信息的披露

《准则第 41 号》第十一节“其他重要事项”明确规定，发行人需要披露与重大财务会计信息相关的内容，包括合同实际履行情况、企业对外担保情况、报告期经营活动等。除此之外，企业需要明确“重大信息”的确认依据，并且依法对其进行披露，让投资者心中有一个衡量企业价值的“标杆”。

三、“优化财务会计信息架构，提高对企业投资价值判断的信息有效性”

在《准则第 41 号》中，财务会计信息、管理层讨论与分析共同构成了第八节“财务会计信息与管理层分析”的内容。管理层讨论与分析的内容涉及财务会计分析，并将较复杂和专业的内容表述得浅显易懂，能够有效简化财务报告中的附注内容。

在第八节中，《准则第 41 号》要求通过管理层视角来分析企业的经营成果，并且强化财务会计信息与业务信息的关联性，令《准则第 41 号》执行起来更为有效。除此之外，通过管理层视角来对企业业务、经营模式、技术实力等方面进行分析，企业对自身状况会解释得更为透彻，有利于投资者做出更合理的决策判断。

四、“明确发行人信息披露责任，强化中介机构的把关责任”

企业信息披露的主要负责人非发行人莫属，所披露的信息需要从投资者的角度出发，考虑投资者的实际需求。除此之外，各中介机构需要出具专业意见，对投资者和审核者而言，这些专业意见起到了鉴证作用，因此需要在招股说明书的附件中加以披露。

五、突出“投资者保护”

《准则第 41 号》第十节为“投资者保护”，对投资者的保护问题进行了细化并加以详细说明，要求企业披露投资者沟通渠道的建立、股票发行后的股利分配政策以及股东投票机制的建立等内容。

科创板企业的招股说明书基于以上 5 点内容编制而成，重点讲述了企业需要披露哪些信息。除此之外，《准则第 41 号》还提供了发行人披露发行概况、报告期的主要财务数据和财务指标等信息时的参考格式，见表 3-4 和表 3-5。

表 3-4　发行概况参考格式

（一）本次发行的基本情况			
股票种类			
每股面值			
发行股数		占发行后总股本比例	
其中：发行新股数量		占发行后总股本比例	
股东公开发售股份数量		占发行后总股本比例	
发行后总股本			
每股发行价格			
发行市盈率			
发行前每股净资产		发行前每股收益	
发行后每股净资产		发行后每股收益	
发行市净率			
发行方式			

续表

（一）本次发行的基本情况	
发行对象	
承销方式	
拟公开发售股份股东名称	
发行费用的分摊原则	
募集资金总额	
募集资金净额	
募集资金投资项目	
发行费用概算	
（二）本次发行上市的重要日期	
刊登发行公告日期	
开始询价推介日期	
刊登定价公告日期	
申购日期和缴款日期	
股票上市日期	

表 3-5 发行人报告期的主要财务数据和财务指标参考格式

项目				
资产总额（万元）				
归属于母公司所有者权益（万元）				
资产负债率（母公司）（%）				
营业收入（万元）				
净利润（万元）				
归属于母公司所有者的净利润（万元）				
扣除非经常性损益后归属于母公司所有者的净利润（万元）				
基本每股收益（元）				
稀释每股收益（元）				
加权平均净资产收益率（%）				
经营活动产生的现金流量净额（万元）				

续表

项目				
现金分红（万元）				
研发投入占营业收入的比例（%）				

第四章

科创板上市申请审核环节流程与内容

本章我们以科创板上市审核的具体规则为出发点，解析科创板上市申请审核环节的流程与内容。

第一节
规则体系：科创板发行上市审核规则定位

科创板发行上市的审核规则体系是规范和引导在科创板上市企业行为的基本准则，对细节问题做出了差异化安排，能更好地为企业在科创板发行股票和上市提供指导。在科创板的审核规则体系中，共通过4个方面来落实科创板定位。

一、通过制度建设落实科创板定位

在制度建设上，上交所通过发布《上海证券交易所科创板企业上市推荐业务指引》来规范和引导保荐机构准确把握科创板的定位，进而让科创板企业的质量能够获得充分保证。另外，《上海证券交易所科创板企业上市推荐业务指引》还要求保荐机构都要基于科创板的定位来推荐企业申请发行和上市。因此，保荐机构在把握科创板的定位时，需要遵循4个原则（见图4-1）。

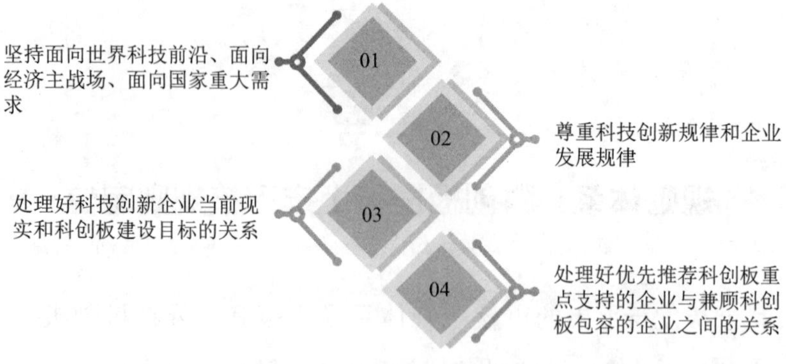

图 4-1　保荐机构把握科创板定位应遵循的 4 个原则

另外，上交所还发布了《上海证券交易所科技创新咨询委员会工作规则》，相关内容见本书第二章，在此不再赘述。

2019 年 4 月 4 日，上交所发布了《上海证券交易所科创板股票公开发行自律委员会工作规则》，对自律委员会进行了解释：

> 自律委员会是由科创板股票发行一级市场主要参与主体组成的咨询和议事机构，负责就科创板股票发行相关政策制定提供咨询意见、对股票发行和承销等事宜提出行业倡导建议。

也就是说，自律委员会的建立主要是为了规范科创板股票的发行和承销活动。

上交所通过积极建立相关制度，严格核查保荐流程，聘请专业人士把关，借助自律督导机制，来保证科创板能够健康稳定地发展。

二、通过市场机制落实科创板定位

在《上海证券交易所科创板股票发行与承销业务指引》中，科创板试行保荐机构相关子公司的跟投制度，并且对跟投制度进行了明确规定和安排。需要注意的是，在跟投之前，子公司需要与发行人签署配售协议，承诺按发行价格认购 IPO 股票数量的 2%～5%，具体的认购比例可以根据首发股票的规模来进行分档（见图 4-2）。

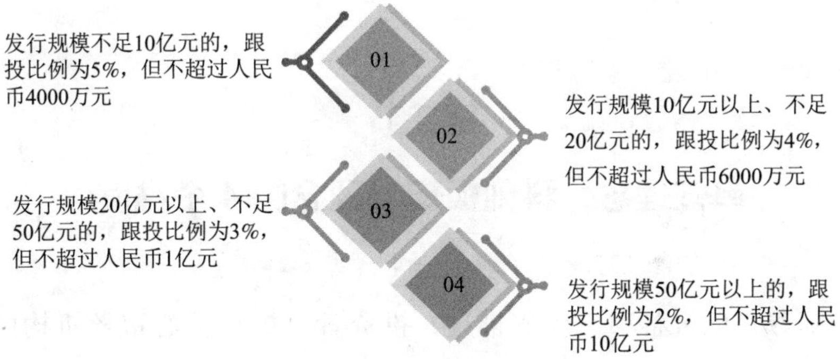

图 4-2　保荐机构相关子公司跟投认购分档要求

除此之外，上交所还建立了执业评价机制。上交所建立这些市场机制的目的，主要是希望通过商业、声誉等方面的约束，来督促保荐机构提升所推荐企业的质量。

三、通过审核安排落实科创板定位

从整体组织架构层面来看，上交所针对科创板审核工作设立了独立的审核部门，并且设置了上市委员会和咨询委员会，全方位审核发行人所处行业是否属于六大行业范围、是否拥有核心技术、是否具备高成长性等。

四、通过企业引导落实科创板定位

科创板在引导企业申请上市时，主要遵循“突出重点、兼顾一般”的准则，也就是重点支持符合创新能力突出、拥有核心技术、具有较强成长性等要求的企业。与此同时，对于具有创新生态等模式的企业，也会加以兼顾。

第二节
审核理念：科创板审核理念的 4 个维度

随着科创板各项工作的推进，投资者也更加关心审核机构的工作重心和审核理念等问题。对此，本书通过对科创板相关文件进行梳理，从 4 个维度来阐释科创板的审核理念。

一、以信息披露为中心

1. 完善信息披露机制

《上海证券交易所科创板股票上市规则》对于企业的信息披露工作提出了新的要求，对之前的企业信息披露规则进行了完善。根据要求，企业在上市前，需要披露业务、技术、财务以及竞争优势等方面的重要信息，以便让投资者能够更充分地了解企业的潜在风险和投资价值，进而理性投资。除此之外，企业自身的科研水平、核心技术人员的数量、研发投入占比等重大信息需要进行持续性披露，而对于业绩波动、行业风险等方面的信息，则有所侧重地进行披露。

2. 明确信息披露责任

企业进行信息披露时，责任人就是企业自己，并且应该从投资者需求出发。上交所要求企业、保荐人等遵循诚实守信、勤勉尽责义务，督促企业真实、准确、完整地披露信息。除此之外，企业披露信息时要遵循充分性、一致性以及可理解性原则。

3. 加大信息披露审核力度

为了加强信息披露的审核力度，上交所发布了信息披露审核措施，规定其有权在审核问询中要求发行人、保荐人及证券服务机构执行以下内容（见图 4-3）：

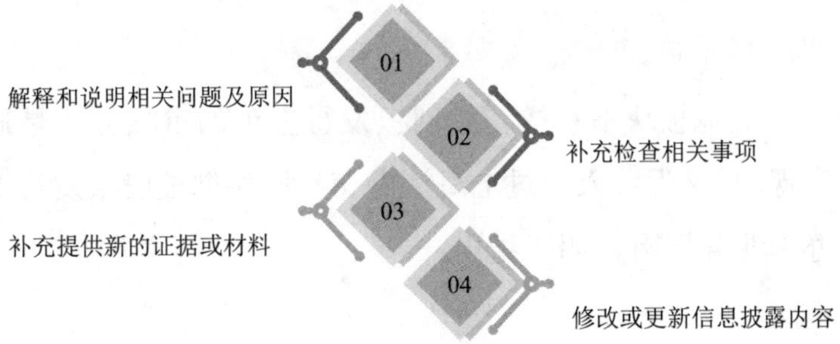

图 4-3　上交所发布的信息披露审核要求

二、审核公开透明

1. 标准公开透明

2019年3月，科创板审核实操32条出炉，审核标准“公开透明化”。对此，华北地区一家大型券商投行项目负责人表示：“这次上交所发布的版本相较‘IPO51条’，更尊重实际情况，对三类股东、工会持股、对赌协议、内控规范要求等较‘IPO51条’有所放松。最关键的是，此次科创板的审核要求公开披露了，成为成文的审核标准。”①

2. 过程、结果公开化

根据相关规则，企业发起上市申请，自获得受理当日起的3个月之内，上交所要做出是否允许企业上市的决定，但是回复审核问询时间不包括在内。发审流程与A股其他板块相比也有创新之处，比如上市委员会采用的是合议制，审核问询集体决策，过程透明。除此之外，企业的上市申报结果也会公开披露。

3. 电子化审核

与A股其他板块不一样，科创板发行上市的审核方式是通过电子化来实现的。《保荐人通过上海证券交易所科创板股票发行上市审核系统办理业务指南》明确指出：

---

① 谷枫：《科创板审核实操32条出炉 IPO“公开透明化”迈关键步》，21世纪经济报道，http：//www.21jingji.com/2019/3-26/3MMDEzNzhfMTQ3ODI3MQ.html，访问日期：2019年10月1日。

> 保荐人应提前向上证所信息网络有限公司申请相关数字证书（以下简称 EKey）。保荐人须使用 EKey 登录系统办理发行上市申请业务。

证监会与上交所建立了全流程电子化审核注册系统，申请、受理、问询等大部分流程都可以通过该系统来办理，并且可以实时共享信息。电子化审核有利于提高审核效率，也是审核过程、结果公开化的具体体现，有助于科创板企业上市的全过程公开接受社会监督。

需要注意的是，《保荐人通过上海证券交易所科创板股票发行上市审核系统办理业务指南》中还强调了使用责任问题：

> EKey 是保荐人通过系统办理发行上市申请业务的唯一身份证明，保荐人应自行承担不当使用、丢失等造成的法律责任。

4. 时限明确

在科创板的相关规则中，对重要环节的审核时限都进一步予以明确，比如收到申请文件的 5 个工作日内决定是否受理、补正时限最长不得超过 30 个工作日、上市申请受理之日起 20 个工作日内向保荐人提出首轮审核问询等。

上述行为无形之中推动了审核过程的高效进行。为此，一位券商承销保荐分公司质控部总经理曾表示："原来做一个 IPO 项目，我们先要做 2~3 年，然后再审核 2~3 年，加起来一个项目前后需要花 5~6 年，时间成本很高；而科创板把审核的时间限制住了，预计最长6个月，这个项目就会有结果了。”

三、严格落实中介机构的责任

在企业申请科创板上市过程中，中介机构不可或缺，其是否尽责将直接影响企业上市的结果，甚至对注册制试点工作也会产生一定影响。

1. 申报时：材料申报的齐备性要求明确

上交所相关负责人表示，对于上市材料申报的齐备性问题，主要关注以下事项：（1）文件与目录，即申请文件与证监会及上交所规定的文件目录是否相符；（2）名称与内容，即文件名称与内容是否相符；（3）签字或签章，即文件签字或签章是否完整、清晰、一致；(4)格式，即文件字体、排版等格式是否符合相关规定；(5)有效期，即招股说明书引用的中介机构报告是否在有效期内；等等。

上交所受理的申报材料中，确实也存在不符合齐备性要求的现象，主要包括申请文件签字处缺少签名、信息披露豁免申请所需的必备文件没有提交、招股说明书照抄其他板块的文件模板、文件命名不符合要求等。对于这些现象，上交所上市审核部门会针对相关问题发出补正通知，要求企业严格执行申报材料齐备性的规定。

2. 审核中：审核过程中，刨根问底

在首轮审核问询结束后，企业如果仍然存在问题，上交所就会继续提出审核问询。根据有关规定，通常出现以下情形之一的企业会被继续审核问询（见图4-4）。

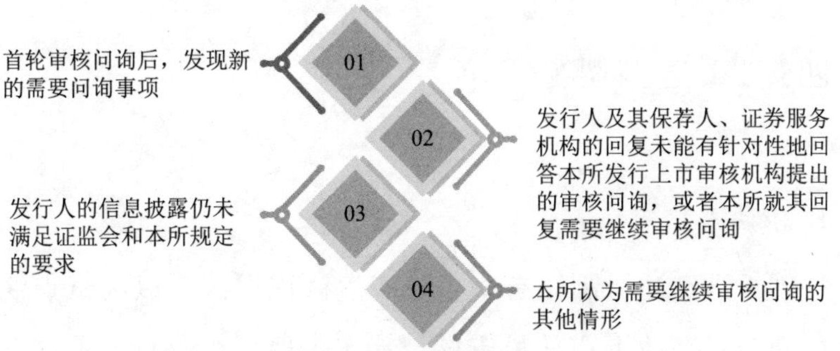

图 4-4　上交所认为需要继续审核问询的情形

3. 上市后：事后严格监管

即便企业已经成功上市，中介机构也不能立刻撒手不管。科创板对于中介机构的监管可谓是空前严厉，相关负责人表示事后监管要“冷淡对待”，以此来加强中介机构的职责观念。

4. 发行承销：试点保荐人子公司跟投

《实施意见》中提出了科创板试行保荐机构相关子公司跟投的制度。“保荐+跟投”方式能够有效弥补传统“只荐不保”方式的缺陷，对中介机构实行利益捆绑，让其在保荐企业时更加看重企业的科技创新实力、研发投入等方面，“迫使”中介机构承担更多“保”的责任。

保荐机构相关子公司跟投制度能够帮助科技创新企业实现优胜劣汰，在保证优质企业获得保荐的同时，还能推动相关行业健康发展。

四、注重全过程监管

1. 依法严格审核

科创板试点注册制让有些企业产生认识误区，以为试点注册制管理层便会对企业上市放松审核，其实不然。企业只要不符合发行条件、上市条件或者信息披露等诸多要求中的任何一项，其上市申请随时都会被否决。

2. 重大异常情况启动现场检查

根据相关规定，上交所会对企业的信息披露质量进行现场检查：

> 本所在发行上市审核中，发现发行上市申请文件存在重大疑问且发行人及其保荐人、证券服务机构回复中无法作出合理解释的，可以对发行人及其保荐人、证券服务机构进行现场检查。

结合上交所对上市申请企业的审核趋势，证券服务机构在审核环节中，态度相当谨慎。因此，为了保证审核质量，在未来的审核过程中，现场检查手段可能会趋于常态化。

3. 责任追究

根据《上海证券交易所科创板股票上市规则》和《上海证券交易所科创板股票发行上市审核规则》的规定，对监管对象违反规则的现象，上交所将会根据情节轻重采取监管措施或者实施纪律处分等。其中，上交所可采取的监管措施如下：

（一）口头警示；

（二）书面警示；

（三）监管谈话；

（四）要求限期改正；

（五）要求公开更正、澄清或说明；

（六）要求公开致歉；

（七）要求聘请保荐机构、证券服务机构进行核查并发表意见；

（八）要求限期参加培训或考试；

（九）要求限期召开投资者说明会；

（十）要求上市公司董事会追偿损失；

（十一）对未按要求改正的上市公司股票实施停牌；

（十二）对未按要求改正的上市公司暂停适用信息披露直通车业务；

（十三）建议上市公司更换相关任职人员；

（十四）向相关主管部门出具监管建议函；

（十五）本所规定的其他监管措施。

在上交所公布的纪律处分规则中，我们可以发现，不同主体都有对应的处罚措施，进而明确了各主体的责任（见图 4-5）。

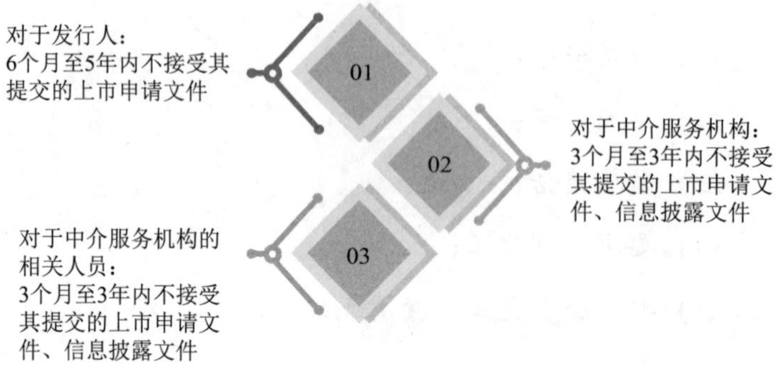

图 4-5　针对不同主体实施的相应纪律处分

综上所述，科创板的审核绝对不是形式上的审核，反而越来越严格，对企业的总体质量提出了更高的要求。

第三节
审核内容：科创板上市审核重点关注的 3 个方面

2019 年 3 月 1 日，上交所发布了《上海证券交易所科创板股票发行上市审核规则》。其中，第一章“总则”的第五条明确表示，在科创板定位的基础上，上交所在审核相关企业时，将重点关注以下 3 个方面的内容：

（一）发行人是否符合中国证监会规定的科创板股票发行条件；

（二）发行人是否符合本所规定的科创板股票上市条件；

（三）发行人的信息披露是否符合中国证监会和本所要求。

下面分别对上述 3 个方面内容进行分析和解读。

一、“发行人是否符合中国证监会规定的科创板股票发行条件”

证监会发布的《科创板首次公开发行股票注册管理办法（试行）》，对拟上市企业的发行条件做出了如下规定：

第二章　发行条件

第十条　发行人是依法设立且持续经营 3 年以上的股份有限公司，具备健全且运行良好的组织机构，相关机构和人员能够依法履行职责。

有限责任公司按原账面净资产值折股整体变更为股份有限公司的，持续经营时间可以从有限责任公司成立之日起计算。

第十一条　发行人会计基础工作规范，财务报表的编制和披露符合企业会计准则和相关信息披露规则的规定，在所有重大方面公允地反映了发行人的财务状况、经营成果和现金流量，并由注册会计师出具标准无保留意见的审计报告。

发行人内部控制制度健全且被有效执行，能够合理保证公司运行效率、合法合规和财务报告的可靠性，并由注册会计师出具无保留结论的内部控制鉴证报告。

第十二条　发行人业务完整，具有直接面向市场独立持续经营的能力：

（一）资产完整，业务及人员、财务、机构独立，与控股股东、实际控制人及其控制的其他企业间不存在对发行人构成重大不利影响的同业竞争，不存在严重影响独立性或者显失公平的关联交易。

（二）发行人主营业务、控制权、管理团队和核心技术人员稳定，最近2年内主营业务和董事、高级管理人员及核心技术人员均没有发生重大不利变化；控股股东和受控股股东、实际控制人支配的股东所持发行人的股份权属清晰，最近2年实际控制人没有发生变更，不存在导致控制权可能变更的重大权属纠纷。

（三）发行人不存在主要资产、核心技术、商标等的重大权属纠纷，重大偿债风险，重大担保、诉讼、仲裁等或有事项，经营环境已经或者将要发生重大变化等对持续经营有重大不利影响的事项。

第十三条　发行人生产经营符合法律、行政法规的规定，符合国家产业政策。

最近3年内，发行人及其控股股东、实际控制人不存在贪污、贿赂、侵占财产、挪用财产或者破坏社会主义市场经济秩序的刑事犯罪，不存在欺诈发行、重大信息披露违法或者其他涉及国家安全、公共安全、生态安全、生产安全、公众健康安全等领域的重大违法行为。

董事、监事和高级管理人员不存在最近3年内受到中国证监会行政处罚，或者因涉嫌犯罪被司法机关立案侦查或者涉嫌违法违规被中国证监会立案调查，尚未有明确结论意见等情形。

针对以上科创板的发行条件，本书选择比较重要的部分内容加以解读。

第一，在主营业务方面，与A股其他板块相比，科创板对主营业务稳定性的要求较为宽松，主要体现在限制不利企业发展的重大变化情况的发生方面，但是对于“不利”的定义及范围，尚未进行明确规定。

第二，在业务独立性方面，科创板对于经常发生但缺少妥善解决方法的同业竞争及关联交易问题，所设置的要求相对来说没有太过于严苛（见图4-6）。

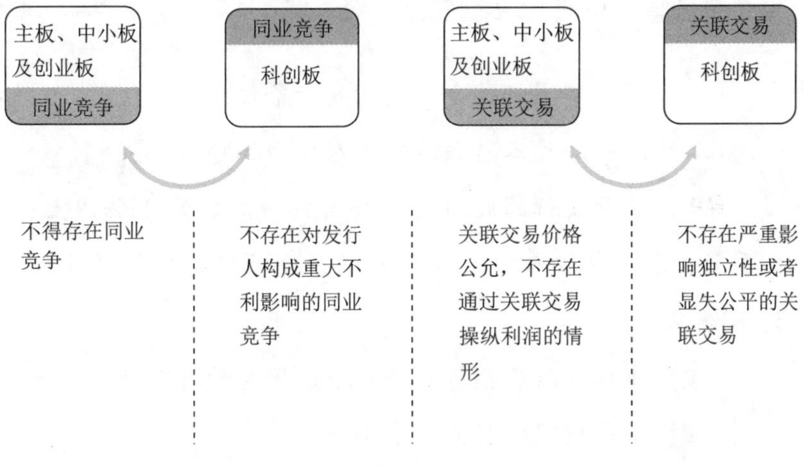

图4-6 主板、中小板及创业板与科创板业务独立性要求的对比

也就是说，在业务独立性方面，科创板更着眼于“重大不利”，而不是A股其他板块所要求的“不得存在”。但是与主营业务相似，对于“重大不利”尚未进行明确规定。

第三，在资产完整性方面，科创板的要求与上述两方面相比较为严苛，重点在于“不存在”。但是，与主板、中小板及创业板相比，则没有规定“发行人的注册资本已足额缴纳，发起人或者股东用作出资的资产的财产权转移手续已办理完毕”。

第四，在经营合规性方面，总体而言科创板的关注领域更为宏观，比较笼统；但是，从另一层面来看，科创板的规定能够降低发行人在这一方面面临的压力。

二、“发行人是否符合本所规定的科创板股票上市条件”

根据《上海证券交易所科创板股票上市规则》的有关规定，企业申请在科创板上市时，应当符合下列条件：

> （一）符合中国证监会规定的发行条件；
>
> （二）发行后股本总额不低于人民币3000万元；
>
> （三）公开发行的股份达到公司股份总数的25%以上；公司股本总额超过人民币4亿元的，公开发行股份的比例为10%以上；
>
> （四）市值及财务指标符合本规则规定的标准；
>
> （五）本所规定的其他上市条件。
>
> 本所可以根据市场情况，经中国证监会批准，对上市条件和具体指标进行调整。

在上市条件方面，科创板与主板、中小板及创业板相比，既有相似之处，又在某些方面实现了创新与突破。比如，科创板已经放宽了对发行人注册地的要求，允许满足一定条件的红筹企业[①]申请上市。另外，“发行后股本总额不低于人民币3000万元”这一要求，明显是借鉴了创业板的发行制度。

除此之外，本书第三章曾论及，科创板对企业上市设置了5套标准。与A股其他板块的上市规则相比，这5套标准更有实操性，它要求企业结合自身具体情况来选择，以取得“量体裁衣”的效果。更引人注目的是，科创板允许尚未盈利的企业上市，这明显是对企业是否拥有核心技术以及是否具备成长性更为注重。

三、“发行人的信息披露是否符合中国证监会和本所要求”

在信息披露问题上，科创板首次提出了“充分性、一致性和可理解性”，对发行人、中介机构等都提出了更高的要求。上交所在审核发行人披露的信息时，重点关注以下4个方面的内容：

第一，招股说明书是否做到了真实、准确、完整，各项要素是否齐备；

第二，重点关注已披露的信息是否对投资者的投资决策产生了重大影响，披露程度是否满足投资者投资时的需求；

第三，重点关注信息披露的内容与企业实际情况之间是否存在一致性、合理性以及内在逻辑性；

第四，重点关注信息披露的内容是否简洁明了，是否方便投资者进行阅读与理解。

---

① 红筹企业指注册地在境外、主要经营活动在境内的企业。

第四节
审核方式：问询式审核、分行业审核、电子化审核

为了让科技创新企业能够获得更好的发展，科创板根据其特点，在上市条件设置上实现了多元化，使得科创板更具包容性。比如，允许尚未盈利但是符合科创板定位的企业上市，允许满足一定要求的红筹企业上市，允许同股不同权情形存在等。与采取核准制的A股其他板块相比，科创板在许多方面的要求都更为宽松，进而简化了流程并提升了审核效率。

但是，在放宽某些条件的同时，科创板对其他条件的要求却很严格：全过程监管、信息披露要求全面、审核过程更为严苛等。2019年3月18日，中国证券业协会和上交所主办了“2019年证券公司保荐代表人系列培训班（科创板专题）第一期”，培训过程中明确指出：“科创板明确注册制不是不审不管，也不只是‘形式审核’，如出现不符合发行条件、上市条件、信息披露要求等情形，将坚决否决。”由此可见，在科创板上市时，企业面临的审核，全程都较为严格。该培训班提到科创板的审核将包括问询式审核、分行业审核以及电子化审核3种方式。接下来本书将分别对这3种方式进行介绍，以方便企业了解专业审核人员对发行人进行审核的内容。

一、问询式审核

问询式审核可分为3个步骤：

第一，需要遵循“以信息披露为中心，以投资者需求为导向”的审核原则，凡是影响投资者做决策的信息，发行人都需要进行充分披露。与此同时，发行人所披露的信息不能应付了事，要能满足投资者依此做出投资决策的需求，这需要上交所通过一轮或多轮的审核问询来督促发行人严格执行。

第二，收到审核机构的问询时，发行人、中介机构要及时对问询内容逐一回复。这些回复内容也属于企业发行上市申请文件的范畴，因此发行人、中介机构要保证回复内容的真实性、准确性以及完整性。通常情况下，审核问询采取书面形式，但是需要经过电子化留痕。

第三，审核机构将发行人、中介机构的回复内容及时公开，以便投资者能及时了解企业的审核情况，也有利于其他拟上市企业了解审核机构所关注的问题、风险点等。

二、分行业审核

可以确定的是，以科技创新企业的发展情况、风险特征等内容作为依据，审核机构将审核人员划分为若干行业的审核小组，以此来对科技创新企业的上市申请分行业审核。一般来说，审核机构会通过培训来加强审核人员对科技创新企业所处行业的了解。

根据要求，在审核过程中，每家企业都需要分配至少 1 名法律专业人员以及至少 1 名会计专业人员，以便对相关问题的判断更为专业。除此之外，审核人员还要结合行业具体特征，督促发行人多角度进行信息披露，为投资者提供更多有用的信息，比如企业的财务与非财务信息、未来的价值与潜在的风险等。

三、电子化审核

《保荐人通过上海证券交易所科创板股票发行上市审核系统办理业务指南》指出：

> 科创板发行上市审核实行电子化审核。发行人及其保荐人、证券服务机构应当按照科创板相关规则的要求准备发行上市申请文件（以下简称申请文件）、办理相关事项，并遵守本指南的规定，由保荐人通过科创板股票发行上市审核系统（以下简称系统）进行相关发行上市申请业务操作。具体包括提交申请文件、收阅问询函、提交问询回复及补充或修改后的申请文件、申请信息披露豁免、预先披露申请文件、咨询与预约沟通、申请中止或恢复审核、报送会后事项以及撤回发行上市申请等事项。

电子化审核能够有效减少审核人员与企业间不必要的接触，提高审核效率。除此之外，无纸化还符合我国节约资源的发展战略。

科创板进行电子化审核，保荐人在申报项目时可以直接进入上市审核系统的“项目信息”页面，将要求的信息填写完整；又或者是直接下载“IPO 模板”，填写完成后再上传导入审核系统中。在填写项目信息时，保荐人必须保证填写的内容符合要求（见图 4-7）。

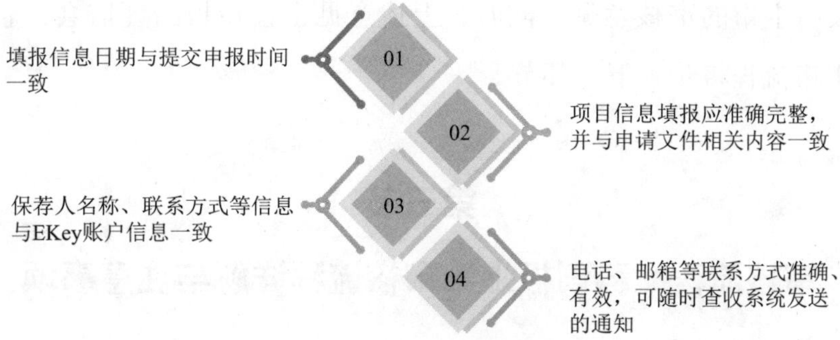

图 4–7　电子化审核信息填写要求

相关信息填写完毕后，保荐人便可以按要求上传项目申报文件；但需要注意的是，科创板对于文件的具体格式等有明确的要求，详细内容如下：

> （一）依据《上海证券交易所关于科创板首次公开发行并上市申请文件的命名要求》（见附件二）的规定对相关申请文件进行命名，并按文件类别和文件名称分别上传到指定条目内。确无相对应条目的，可上传至“其他申请文件”条目内。
>
> （二）申报文件类型原则上要求为 DOC 格式；对于科创板相关规则要求预披露的文件，应同时上传 PDF 格式文件；单个文件不得超过 80 兆。
>
> （三）对于没有 DOC 或 PDF 格式电子文档的申报材料，应提供电子扫描文件。申请文件中的签字盖章页、电子扫描文件应采取彩色扫描方式，保证格式内容与原件一致。

发行人只有经历上述审核过程，并且成功通过，才能被出具同意发行上市的审核意见。同时，上述意见也会转报给证监会，企业的上市流程将步入下一环节。

第五节 审核流程：科创板上市审核流程详解与注意事项

证监会发布了《实施意见》之后，上交所也同步发布了相关配套规则，科创板上市审核工作也正式提上日程。在前文中本书详细介绍了科创板上市的流程，本节将对这些流程逐一分析，以便读者能够更深入了解企业在科创板的上市规则。

一、上交所审核

1. 预沟通（提交发行上市申请文件前）

预沟通制度是主板、中小板、创业板上市流程中未设立的环节，是科创板贯彻“资本市场服务实体经济”思路的重要体现。企业发行上市流程是一套相当复杂的程序，需耗费大量的人力、物力与时间。一般而言，拟上市企业虽有相似之处，但也不尽相同。上市规则不可能将每家企业的实际情况都一一明确规定，而有些企业存在的问题如果处理不当，可能会直接影响企业申请上市的审核结果。科创板设计了预沟通制度，能够从源头上为拟上市企业解惑。

总之，预沟通制度有利于发行人和中介机构加深对科创板上市规则的了解，进而提交更为全面的申报材料，提高过审的概率。

2. 申报与上报工作底稿（提交申请期间）

申报与上报工作底稿制度采取了全流程电子化报送手段，为相关方开展工作提供了便利，能够有效提升审核部门的工作效率。除此之外，该制度再三强调工作底稿应具有齐备性和及时性，体现了上交所针对中介机构采取措施的严格态度。

上交所制定该项制度的主要目的是出现问题时供监管方备查，体现了其对工作底稿的重视程度，从及时性与齐备性方面对保荐机构的相关工作提出了更高要求，同时加强了对信息披露工作的监管力度。

3. 补正申请材料（补正时限在10日之内）

补正申请材料要求明确了上交所的受理时间，但同时也强调上交所会按照收到发行人上市申请文件的先后顺序进行处理，在一定程度上提高了受理工作的可预期性。

4. 上交所做出受理决定（自收到发行上市申请文件起的5个工作日内）

需要注意的是，上交所不予受理的原因不再出现“法律、行政法规及中国证监会规定的其他情形”的表述。在这种情况下，上交所受理的原因更为明确。

5. 预披露（上交所受理文件当日）

预披露环节体现了信息披露的及时性、公开性，同时满足了投资者的社会监管需求，对企业的信息披露提出了更高要求。预披露环节增加了文件披露内容，有助于投资者做出更为理性的投资决策。

二、发行上市审核机构审核

1. 首轮问询（受理之日起20个工作日）

与A股其他板块的反馈答复机制不同，企业在科创板上市的审核主要是通过问询的方式，这种方式有助于问询双方及时沟通。对于争议点或者是与业务相关的专业问题等，企业也可以向专业的上市委员会咨询。

2. 多轮问询（问询回复后10个工作日内）

如果发行人在信息披露环节或者其他方面存在问题，又或者是上交所对其申报材料存有疑惑，都可以通过继续问询方式加以解决。问询环节在一定程度上能够体现科创板对中介机构的严格要求，有利于中介机构认真履行职责。

3. 出具审核报告

在不需要继续审核问询的情况下，审核机构将出具审核报告并提交申请文件给上市委员会进行审议。

三、上市委员会审核

1. 现场问询

在上市委员会的审核程序中，现场问询机制被引入其中。在问询现场，上市委员会人员可以当面就有关问题对发行人或者中介机构进行问询。企业如果通过了该环节，便离上市目标更近了一步。

2. 发表审议意见

根据要求，审核小组的 5 名成员将发表同意或不同意企业发行上市的意见，投票遵循少数服从多数的原则。

四、上交所审核

在该环节，上交所需要做出审核决定（自受理之日起 3 个月内）：同意企业发行上市，或终止企业发行上市审核。注意，上市委员会同意企业发行上市但要求补充有关信息的，待企业补充信息后，上交所出具同意发行上市的审核意见。

五、证监会审核

1. 审核申报文件（20 个工作日内）

在这一环节，证监会将审查上市申报内容并且对意见进行反馈。

2. 注册（6 个月内）

根据要求，证监会负责的是注册环节，有权决定是否同意企业进行注册，一旦证监会同意注册，企业将披露招股意向书并启动股票公开发行工作。

第六节
审核时限：压缩至 6 个月

上交所规定，电子化审核将成为处理企业申请在科创板上市的主要手段。同时，上交所还对基本的审核时限做出了具体规定：“原则上不超过 6 个月。”也就是说，上交所审核所用时间需要控制在 3 个月之内，而其余的审核流程所耗费的时间也需要控制在 3 个月之内。与 A 股其他板块相比，科创板所要求的审核时限大大缩短。接下来，本书将着重分析科创板审核时限中的重要时间点（见图 4-8）。

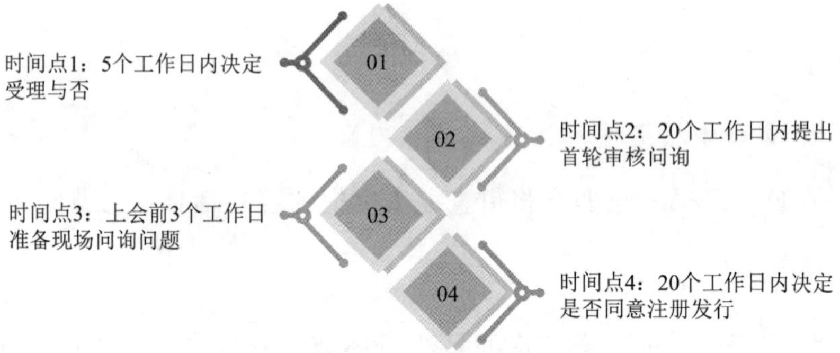

图 4-8　科创板审核时限的 4 个时间点

一、5 个工作日内决定受理与否

《保荐人通过上海证券交易所科创板股票发行上市审核系统办理业务指南》第十六条指出：

> 本所审核机构收到申请文件后，对申请文件进行核对，并在五个工作日内通过系统发送受理或者不予受理的决定。发行人补正申请文件的，本所审核机构收到申请文件的时间以发行人完成全部补正要求的时间为准。

如果审核机构决定受理企业的申请文件，那么在获得受理后的10 个工作日内，保荐人需要将保荐工作底稿及验证版招股说明书以电子版的形式上传，供证监会备查。

二、20 个工作日内提出首轮审核问询

《保荐人通过上海证券交易所科创板股票发行上市审核系统办理业务指南》第二十二条指出：

> 自发行上市申请受理之日起二十个工作日内，本所审核机构通过系统向保荐人提出首轮审核问询。保荐人应及时通过系统查收本所出具的首轮问询函。收到问询函后，保荐人应及时协调相关证券服务机构，按问询问题要求逐项予以回复。

保荐人对于首轮问询函的回复内容将会通过审核机构的网站进行披露，如果保荐人认为某些问题属于国家秘密或商业机密，可以提交豁免披露申请。但是，如果上交所审核机构不认可豁免披露理由，那么保荐人就需要将相关内容进行披露。

在收到首轮问询的回复后，如果审核机构认为还存在问题或者疑惑，将会选择继续问询，通常会在 10 个工作日内发送问询意见函。除此之外，根据要求，发行人、保荐人等对于审核机构的多轮问询，回复的时间总计最多为 3 个月，从收到审核问询函次日起开始计算，提交回复的次日起暂停计算。

对于审核机构发出的审核问询函，保荐人认为存在疑问的，可通过电子系统进行咨询。如果需要进行当面沟通，则需要通过电子系统进行预约，并且在约定的时间、地点，由发行人、保荐人、审核机构相关人员等共同沟通。一般情况下，沟通人数保持在 6 人以内。需要注意的是，无论是通过电子系统进行咨询还是需要当面沟通，保荐人都需要提前将问题梳理汇总，尽量一次性解决。

三、上会前 3 个工作日准备现场问询问题

《保荐人通过上海证券交易所科创板股票发行上市审核系统办理业务指南》第三十三条规定：

> 参会委员拟对审核项目进行现场问询的，上市委秘书处在审议会议召开三个工作日前，将拟问询问题发送给保荐人。保荐人应及时收阅现场问询问题清单，做好相关准备工作。

上市委员会审议后，如果还需要发行人、保荐人等补充资料，那么审核机构将会通过系统向保荐人发送相关函件，随后发行人、保荐人等就相关文件进行落实与更新并且上传。

四、20个工作日内决定是否同意注册发行

证监会在收到审核意见后，需要在20个工作日内决定是否同意发行人注册发行。当然，证监会也可以重点关注审核内容有无遗漏、审核程序是否符合规定、企业在发行条件以及信息披露要求的方面是否有误等问题。对此，《保荐人通过上海证券交易所科创板股票发行上市审核系统办理业务指南》指出：

> 第四十一条　中国证监会在注册过程中，如要求本所进一步问询的，本所审核机构将通过系统向保荐人发送反馈问题。保荐人应及时收阅，认真组织落实，并通过系统及时回复。
>
> 第四十二条　中国证监会作出注册决定文件后，本所将通过系统向保荐人转发中国证监会的注册决定文件。

科创板通过实行全程电子化审核的方式，减少了不必要的时间浪费，提高了审核效率。除此之外，科创板还减少了不必要的审核内容，因此与A股其他板块相比，审核时间相对来说更短。

第七节
自律管理：发行人、控制人、保荐人的重要职责

为了维护市场秩序，无论企业在 A 股任何板块上市，管理层都要求发行人、控制人、保荐人等主体进行自律管理，以此来强化市场惩戒效果，保护投资者的合法权益。《上海证券交易所科创板股票发行上市审核规则》第九条规定，在科创板发行上市需要进行自律监管的主体主要包括以下 4 类（见图 4-9）。

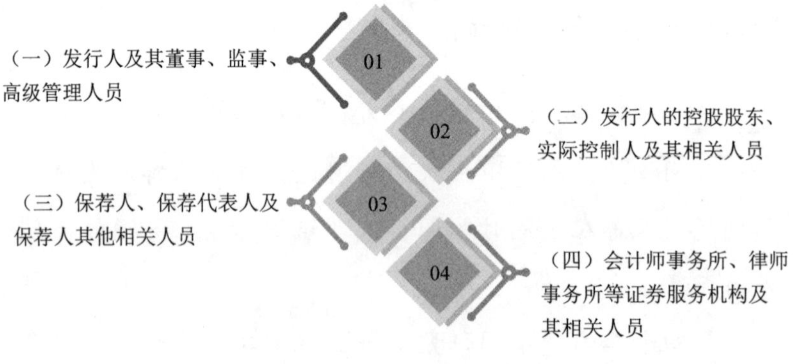

图 4-9　在科创板发行上市需要进行自律监管的主体

为了与科创板上市制度配套，上交所针对不同主体，制定了相应的处分措施，以此来明确不同主体的责任。针对全部主体，《上海证券交易所科创板股票发行上市审核规则》规定了一般违规情形以及特殊违规情形；而针对保荐人、证券服务机构及其相关人员也制定了相应的自律监管规则（见表 4-1）。

表 4-1　不同主体责任后果区分表

序号	事项	内容
1	一般违规情形	本规则第九条规定的主体出现下列情形之一的，本所可以视情节轻重采取书面警示、监管谈话、要求限期改正等监管措施，或者给予通报批评、公开谴责、三个月至一年内不接受保荐人、证券服务机构及相关人员提交的发行上市申请文件及信息披露文件、六个月至一年内不接受发行人提交的发行上市申请文件等纪律处分： （一）制作、出具的发行上市申请文件不符合要求，或者擅自改动招股说明书等发行上市申请文件； （二）发行上市申请文件、信息披露文件内容存在重大缺陷，严重影响投资者理解和本所审核； （三）发行上市申请文件、信息披露文件未做到真实、准确、完整，但未达到虚假记载、误导性陈述和重大遗漏的程度； （四）发行上市申请文件前后存在实质性差异且无合理理由； （五）未在规定时限内回复本所审核问询，且未说明理由； （六）未及时向本所报告相关重大事项或者未及时披露； （七）本所认定的其他情形
2	特殊违规情形	存在下列情形之一的，本所对发行人给予一年至五年内不接受其提交的发行上市申请文件的纪律处分： （一）发行人向本所报送的发行上市申请文件、信息披露文件被认定存在虚假记载、误导性陈述或者重大遗漏； （二）发行人拒绝、阻碍、逃避本所检查，谎报、隐匿、销毁相关证据材料； （三）发行人及其关联方以不正当手段严重干扰本所发行上市审核工作； （四）重大事项未向本所报告或者未披露； （五）发行上市申请文件中发行人或者其董事、监事、高级管理人员、控股股东、实际控制人的签字、盖章系伪造、变造
3	保荐人、证券服务机构及其相关人员	存在下列情形之一的，本所视情节轻重，可以给予三个月至三年内不接受其提交或者签字的发行上市申请文件、信息披露文件的纪律处分： （一）伪造、变造发行上市申请文件中的签字、盖章； （二）重大事项未报告或者未披露； （三）以不正当手段干扰本所发行上市审核工作； （四）内部控制、尽职调查等制度存在缺陷或者未有效执行； （五）通过相关业务谋取不正当利益； （六）不履行其他法定职责

除此之外，上交所制定的自律监管措施还包括了再次申报限制等情形下相应的监管或处分措施，以此来增强自律监管效果（见表4-2）。

表 4-2 自律监管重点事项情况

序号	事项	主要内容
1	再次申报限制	保荐人报送的发行上市申请在一年内累计两次被本所不予受理的，自第二次收到本所相关文件之日起三个月后，方可向本所报送新的发行上市申请。 本所审核不通过做出终止发行上市审核的决定或者中国证监会做出不予注册决定的，自决定做出之日起六个月后，发行人方可再次向本所提交发行上市申请
2	未达盈利预测的处分	发行人披露盈利预测的，利润实现数未达到盈利预测百分之八十的，除因不可抗力外，本所可以对发行人及其董事长、总经理、财务负责人给予通报批评、公开谴责或者一年内不接受发行人提交的发行上市申请文件的纪律处分；对签字保荐代表人给予通报批评、公开谴责或者三个月至一年内不接受其签字的发行上市申请文件、信息披露文件的纪律处分。 利润实现数未达到盈利预测百分之五十的，除因不可抗力外，本所可以对发行人及其董事长、总经理、财务负责人给予公开谴责或者三年内不接受发行人提交的发行上市申请文件的纪律处分；对签字保荐代表人给予公开谴责或者一年至二年内不接受其签字的发行上市申请文件、信息披露文件的纪律处分
3	诚信公示与执业质量评价	本所建立发行人及其控股股东、实际控制人、董事、监事、高级管理人员以及保荐人、证券服务机构及其相关人员等机构和个人的诚信公示制度，对外公开本所采取的监管措施和纪律处分，记入诚信档案，并向中国证监会报告。 本所对保荐人、证券服务机构在科创板从事股票发行上市相关业务的执业质量进行定期评价，评价结果供发行上市审核参考

上交所通过增加自律监管措施，加大对相关主体的处罚力度，以进一步提升监管效力和威慑力，有效维护市场秩序。

第五章

规则众多的科创板上市之路

企业在正式上市之前，需要了解发行、配售和承销规则的众多细节问题。上交所相关负责人在回答记者问题时曾指出：“科创板股票发行与承销实施办法放宽了战略配售实施条件，并鼓励战略投资者和发行人高管、核心员工参与新股发售。”

第一节

上市准备：对赌协议清理

一、关于对赌协议处理措施的创新

《上海证券交易所科创板股票发行上市审核问答（二）》在清理对赌协议方面，条件有所放宽：

> PE、VC 等机构在投资时约定估值调整机制（一般称为对赌协议）情形的，原则上要求发行人在申报前清理对赌协议，但同时满足以下要求的对赌协议可以不清理：一是发行人不作为对赌协议当事人；二是对赌协议不存在可能导致公司控制权变化的约定；三是对赌协议不与市值挂钩；四是对赌协议不存在严重影响发行人持续经营能力或者其他严重影响投资者权益的情形。保荐人及发行人律师应当就对赌协议是否符合上述要求发表专项核查意见。

对于上述问答中所提到的 4 种情况，本节进行简要分析。

1. “发行人不作为对赌协议的当事人”

（1）对赌条款是否有相应的法律效力。在对赌协议的案例中，2012 年 11 月的“甘肃世恒有色资源再利用有限公司、香港迪亚有限公司与苏州工业园区海富投资有限公司、陆波增资纠纷案”可谓是经典案例。在该案例中，我国最高人民法院认为，投资者通过条款所获得的固定收益脱离了企业的经营范围，将会直接或间接地损害企业利益，因此应当是无效的；但与此同时，企业所承诺的条款并没有违反法律法规，因此应当是有效的。

但是，中国国际经济贸易仲裁委员会 2014 年 1 月对一起对赌案件进行裁决时，将对赌协议判为有效，理由是：“对赌条款作为一项新型的投资机制，其创设的风险和回报虽然较高，但对对赌双方都是相对均等的，符合当事人意思自治、诚实信用原则，也不违反法律法规的禁止性规定，应属合法有效。”

对科创板企业而言，对赌协议可能导致投资者的收益脱离企业的经营范围，将会直接或间接地损害企业利益。企业如果对赌失败，但又能够成功上市，那么对赌失败的损失很有可能转移到二级市场投资者身上。

（2）发行人作为对赌担保方的情形。在“发行人不作为对赌协议的当事人”的表述中，“当事人”的含义不够明确。如果发行人在对赌协议中不直接作为义务人，而是作为对赌担保方，承担“连带责任保证”或“补充赔偿责任”，那么在这种情形下，发行人是否属于“对赌协议的当事人”？或者说，如果发行人作为对赌协议的担保方，申请在科创板上市，这一类协议应不应该清理？

对于发行人作为对赌担保方的情形，我国最高人民法院认为是有效的。举个例子，2018 年“强静延与曹务波等股权转让纠纷再审案”中，我国最高人民法院认为，对赌协议是否有效应当严格遵循法定主义，如果企业在不违反民法的前提下提供担保，那么担保条款应当生效。

由此可见，在司法判决中，发行人作为对赌担保方会被认为有效。但事实上，发行人作为对赌担保方承担连带责任，相当于以企业财产作为履行担保义务的保障，这将会让科创板市场的投资者、企业债权人与发行人直接作为义务人面临的风险等同。

除此之外，在民事诉讼中，“当事人”包括的含义较广，而承担连带责任的发行人能以“共同诉讼人”的身份参与其中。因此，为了谨慎起见，如果发行人存在作为对赌担保方的情形，清理相关对赌协议可能更为合适。

2. “对赌协议不存在可能导致公司控制权变化的约定”

《科创板首次公开发行股票注册管理办法（试行）》中的第十二条指出：

> 控股股东和受控股股东、实际控制人支配的股东所持发行人的股份权属清晰，最近2年实际控制人没有发生变更，不存在导致控制权可能变更的重大权属纠纷。

这一要求与“对赌协议不存在可能导致公司控制权变化的约定”是相对应的。通常情况下，对赌协议的约定有以下6种类型：

> （1）股权调整型：以目标是否达成作为分水岭，来决定发行人与投资者之间是否需要通过价格来调整股权权属；
>
> （2）现金补偿型：以目标是否达成作为分水岭，来决定发行人与投资者之间的现金补偿/奖励，通常情况下不会涉及股权调整；

（3）股权稀释型：以目标是否达成作为分水岭，来决定是否向投资者增发股份并且稀释企业原有股东的股权比例。股权稀释型与股权调整型比较相似，都是企业原有股东以及投资者之间的股权变化体现，区别是股权调整型是通过转让的方式，而股权稀释型则是通过增发的方式；

（4）股权回购型：以目标是否达成作为分水岭，来决定是否回购投资者持有的股份；

（5）股权激励型：以目标是否达成作为分水岭，来决定是否转让部分股权给核心管理人员；

（6）股权优先型：以目标是否达成作为分水岭，来决定投资者是否获得特定的权利，比如股权优先分配权。

在以上 6 种类型中，股权调整型、股权稀释型、股权回购型和股权激励型等 4 种类型都极有可能会让企业大权旁落。存在股份权属不清晰、控制权蕴含风险等情况的企业申请在科创板上市，能够通过审核的可能性极小，因此企业发行人在签署对赌协议时，应该尽量避免以上 4 种类型。

3. “对赌协议不与市值挂钩”

由于 A 股主板要求企业上市前需要清理对赌协议，因此对于未上市企业而言，将对赌协议与市值挂钩，最后是无法实现的。但是，对于已经上市的企业来说，却可以设置与市值挂钩的对赌协议，比如红杉资本与飞鹤乳业之间的对赌协议，要求飞鹤乳业流通股在 15 个工作日内的收盘价均价在每股 39 美元以上。

但是，在科创板上市规则中，市值是一项尤为重要的指标，如果与对赌协议挂钩，那么极有可能出现操纵市值的现象。与此同时，这将会刺激企业盲目追求大市值化，会误导企业重市值而轻业务。由于科创板对股价的涨跌幅限制放宽到20%，也就是说，在科创板市场中，企业的市值将会产生更大幅度的波动。一旦对赌协议与市值挂钩，对赌协议的风险将会因此而增加，而企业的发展也难以保持稳定。

4. “对赌协议不存在严重影响发行人持续经营能力或者其他严重影响投资者权益的情形”

与上述3种情况相比，这种情况可以看作“兜底”措施。举个反面例子，企业签署了股权优先型对赌协议，一旦企业没有完成目标，那么对赌协议的另一方所获得的特殊权利对企业创始人、原始股东来说是相当不利的。比如另一方获得了对重大事项的一票否决权，这将会影响企业的未来发展，也不利于普通投资者维护自己的权益。

二、对科创板拟上市企业的建议

能够在科创板上市的企业都属于科技创新类型的企业，其未来发展对技术的依赖性很强，而技术的研究与发展都存在很大的不确定性，因此这一类企业的发展前景也具有不确定性。基于这一背景，科技创新企业在进行融资时，往往较难获得投资者的信任，比如在估值上双方便有可能存在明显差异。因此，大多数情况下投融资双方会选择签署对赌协议，以此来促进科技创新企业融资意愿的达成。

上交所对对赌协议的具体衡量标准还需要通过实际案例来体现，但是基于以上分析，本书还是可以总结出企业在科创板上市之前，在涉及对赌协议的情况下，需要注意的事项。

首先，需要保证对赌协议有效，避免因对赌协议条款不清晰等问题而产生纠纷。因为在对赌协议的有效性方面，社会各界一直都存在争议。出于符合科创板监管要求的考虑，企业在签订对赌协议时，应避免直接与投资方进行对赌或者义务承担担保责任。

其次，对赌协议内容要高瞻远瞩，也就是满足前文中上交所对于对赌协议免遭清理的 4 点要求；否则，对赌协议将会被清理。

最后，需要明确的是，清理对赌协议仍是上交所的诉求，以上 4 点要求只是例外。在对赌协议不满足科创板上市要求的情况下，企业应当配合中介机构进行清理。

第二节
全面严查：突击入股锁定

在设立科创板提出之际，许多投资机构便开始寻找科创板上市的潜在标的，并且突击入股，这种现象屡见不鲜。因此，许多人都认为，这些投资机构是科创板的最早一批获益者。

但是，2019 年 3 月 24 日，新发布的《上海证券交易所科创板股票发行上市审核问答（二）》严格约束了投资机构的上述行为。因为在这份文件中，上交所提出全面严查突击入股现象，并进一步规范了审核内容。

一、申报前新增股东

《上海证券交易所科创板股票发行上市审核问答（二）》中关于申报前新增股东的规定如下：

（一）申报前新增股东

对IPO前通过增资或股权转让产生的股东，保荐机构、发行人律师应主要考察申报前一年新增的股东，全面核查发行人新股东的基本情况、产生新股东的原因、股权转让或增资的价格及定价依据，有关股权变动是否是双方真实意思表示，是否存在争议或潜在纠纷，新股东与发行人其他股东、董事、监事、高级管理人员、本次发行中介机构负责人及其签字人员是否存在亲属关系、关联关系、委托持股、信托持股或其他利益输送安排，新股东是否具备法律、法规规定的股东资格。

发行人在招股说明书信息披露时，除满足招股说明书信息披露准则的要求外，如新股东为法人，应披露其股权结构及实际控制人；如为自然人，应披露其基本信息；如为合伙企业，应披露合伙企业的基本情况及普通合伙人的基本信息。最近一年末资产负债表日后增资扩股引入新股东的，申报前须增加一期审计。

股份锁定方面，控股股东和实际控制人持有的股份上市后锁定3年；申报前6个月内进行增资扩股的，新增股份的持有人应当承诺：新增股份自发行人完成增资扩股工

> 商变更登记手续之日起锁定3年。在申报前6个月内从控股股东或实际控制人处受让的股份，应比照控股股东或实际控制人所持股份进行锁定。控股股东和实际控制人的亲属所持股份应比照该股东本人进行锁定。

在问答中，上交所明确表示，在企业申报上市时，在前6个月内入股的新股东，需要进行全面核查，并且其所持股份有3年的锁定期。在此之前，上交所相关负责人曾经表示，将会为创投基金等股东提供便捷的减持渠道，甚至在满足一定的前提条件下可以采取非公开转让方式来进行减持，以此来帮助创投资金顺利退出。对申报前新增股东的规定，明显加大了其减持退场的难度，从中可以看出突击入股的股东想要成功退出绝非易事。

二、申报后新增股东

《上海证券交易所科创板股票发行上市审核问答（二）》中关于申报后新增股东的规定如下：

> （二）申报后新增股东
>
> 申报后，通过增资或股权转让产生新股东的，原则上发行人应当撤回发行上市申请，重新申报。但股权变动未造成实际控制人变更，未对发行人控股权的稳定性和持续经营能力造成不利影响，且符合下列情形的除外：新股东产生系因继承、离婚、执行法院判决或仲裁裁决、执行国家法规政策要求或由省级及以上人民政府主导，且新股东

承诺其所持股份上市后36个月之内不转让、不上市交易（继承、离婚原因除外）。

在核查和信息披露方面，发行人申报后产生新股东且符合上述要求无需重新申报的，应比照申报前一年新增股东的核查和信息披露要求处理。除此之外，保荐机构和发行人律师还应对股权转让事项是否造成发行人实际控制人变更，是否对发行人控股权的稳定性和持续经营能力造成不利影响进行核查并发表意见。

从上述规定可以看出，科创板对于申报后企业出现新增股东的现象，要求比较严格，要求企业撤回发行上市申请并且重新申报；但是，如果企业满足一定条件，还是能够维持原有申报进度的。由此可见，在某些细节方面，科创板对申报后出现的企业新增股东在一定程度上放宽了限制。

三、所持股份无须锁定36个月的股东

《上海证券交易所科创板股票发行上市审核问答（二）》中关于特殊股票股东的规定如下：

根据《上海证券交易所科创板股票上市规则》的有关规定，发行人控股股东和实际控制人所持股份自发行人股票上市之日起36个月内不得转让。对于发行人没有或难以认定实际控制人的，为确保发行人股权结构稳定、正常生产经营不因发行人控制权发生变化而受到影响，要求发行

人的股东按持股比例从高到低依次承诺其所持股份自上市之日起锁定 36 个月，直至锁定股份的总数不低于发行前 A 股股份总数的 51%。

位列上述应予以锁定 51%股份范围的股东，符合下列情形之一的，不适用上述锁定 36 个月规定：员工持股计划；持股 5%以下的股东；非发行人第一大股东且符合一定条件的创业投资基金股东。其中，“符合一定条件的创业投资基金股东”是指符合《私募基金监管问答——关于首发企业中创业投资基金股东的认定标准》的创业投资基金。

对于存在刻意规避股份限售期要求的，本所将按照实质重于形式的原则，要求相关股东参照控股股东、实际控制人的限售期进行股份锁定。

许多投资机构突击入股主要是为了分享科技企业的上市红利，而设置股份锁定期，能够有效规避相关股东提前套现的问题，也在一定程度上遏制了机构突击入股的现象，以此来保证企业平稳发展，保护原有股东的权益。

第三节
市场化询价的定价模式：摆脱 23 倍 P/E 束缚

一、A 股 IPO 定价机制不断市场化

在对科创板的定价机制进行介绍之前，我们先来了解一下 A 股

定价机制的演进历史（见图 5-1）。A 股 IPO 的定价机制一直在探索中前进，但是新股 IPO 定价机制普遍存在抑价问题。

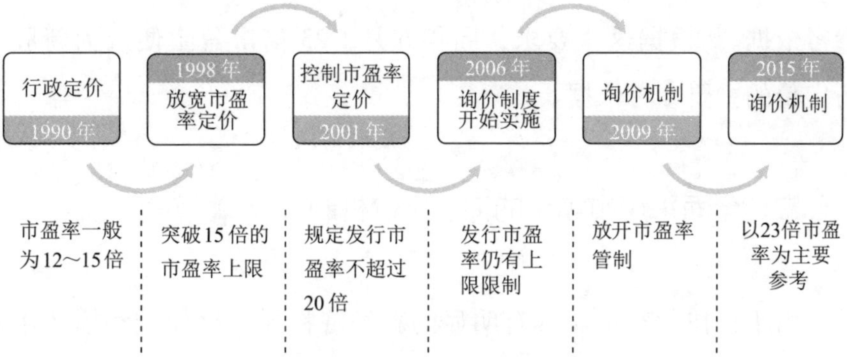

图 5-1　A 股的定价机制演进历史

1990—1998 年，我国资本市场主要实行审批制，因此新股定价主要通过固定价格发售机制定价，而一个相对固定的市盈率往往是定价的标准。除此之外，当时管理层还做出了市盈率上限需要在 15 倍以下的规定。

1999 年，新颁布的《中华人民共和国证券法》放宽了对新股发行市盈率的要求，新股发行的市盈率突破了 15 倍上限。

2001 年，为了深化企业改革而实施的国有股减持举措，对市场造成了一定影响，证监会采取了控制市盈率的措施，要求新股发行定价的市盈率应在 20 倍以下。

2006 年，我国开始实行询价制度，但是对新股发行定价的市盈率仍然规定了上限。

2009 年，我国放开市盈率管制，30 倍上限的新股发行定价市盈率限制被取消，同时企业的 IPO 定价不断攀升。

2014年，证监会发布《关于加强新股发行监管的措施》，并且明确指出："发行人应依据《上市公司行业分类指引》确定所属行业，并选取中证指数有限公司发布的最近一个月静态平均市盈率为参考依据。"根据这一要求，同年6月，23倍市盈率便成为新股发行定价的主要参考依据。

二、全面采用市场化的询价定价机制

由于科技创新企业具有明显的新经济特征，比如盈利模式不确定、需要大量的资金投入来研发核心技术等，因此在科创板上市的企业的估值体系通常与A股其他板块存在较大的差别。在这一背景之下，针对科技创新企业，市场各方对科创板的估值方法进行了一定程度的修正。与此同时，科创板要求投资者不仅具备2年以上的投资经验，还要具备一定的风险承受能力。于是，2019年3月1日颁布的《上海证券交易所科创板股票发行与承销实施办法》明确规定，取消直接定价方式，全面采用市场化询价的定价模式，并且通过专业机构进行询价，具体内容如下：

> 第四条　首次公开发行股票应当向证券公司、基金管理公司、信托公司、财务公司、保险公司、合格境外机构投资者和私募基金管理人等专业机构投资者（以下统称网下投资者）以询价的方式确定股票发行价格。网下投资者应当向中国证券业协会注册，接受中国证券业协会自律管理。
>
> 发行人和主承销商可以根据本所和中国证券业协会相

关自律规则的规定，在前款所指的网下投资者范围内设置其他条件，并在发行公告中预先披露。

第五条　发行人和主承销商可以通过初步询价确定发行价格，或者在初步询价确定发行价格区间后，通过累计投标询价确定发行价格。

第六条　主承销商应当向网下投资者提供投资价值研究报告，并遵守中国证券业协会关于投资价值研究报告的相关规定。

第七条　参与询价的网下投资者应当遵循独立、客观、诚信的原则合理报价，不得协商报价或者故意压低、抬高价格。

发行人、承销商和参与询价的网下投资者，不得在询价活动中进行合谋报价、利益输送或者谋取其他不当利益。

第八条　参与询价的网下投资者可以为其管理的不同配售对象账户分别填报一个报价，每个报价应当包含配售对象信息、每股价格和该价格对应的拟申购股数。同一网下投资者全部报价中的不同拟申购价格不超过 3 个。

首次公开发行股票价格（或发行价格区间）确定后，提供有效报价的投资者方可参与申购。

前款所指有效报价，是指网下投资者申报的不低于主承销商和发行人确定的发行价格或发行价格区间下限，且未作为最高报价部分被剔除，同时符合主承销商和发行人事先确定且公告的其他条件的报价。

第九条　发行人和主承销商应当在申购前，披露网下投资者剔除最高报价部分后有效报价的中位数和加权平均数，以及公开募集方式设立的证券投资基金和其他偏股型资产管理产品（以下简称公募产品）、全国社会保障基金（以下简称社保基金）和基本养老保险基金（以下简称养老金）的报价中位数和加权平均数等信息。

科创板采取市场化询价的定价模式，简单来说可理解为由少量询价机构确定价格区间，再由大量投资机构根据自己所认可的价格进行投票，最后进行综合统计，以确定最终发行价格。虽然，询价机制早已提出多年，但是由于种种原因，尤其是之前新股定价受到23倍市盈率的限制，导致市场很少出现新股破发的情况。不过，科创板实行市场化询价的定价模式后，打新不再像以前一样稳赚不赔，破发现象已经出现。例如，2019年12月4日登陆科创板的建龙微纳，上市首日就宣告破发。

三、定价方式：科创板VS主板、中小板、创业板

科创板与主板、中小板和创业板的对比，见图5-2。

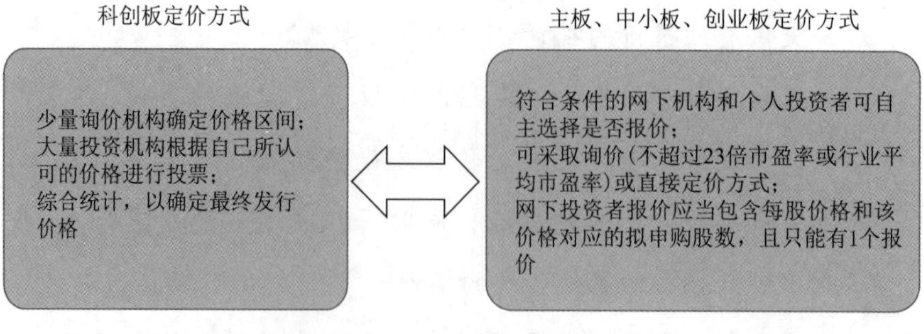

图5-2　科创板与主板、中小板、创业板定价方式的差异

需要注意的是，科创板采取市场化询价的定价模式，不代表新股发行价可以不受约束地攀升，否则极容易出现“三高”[①] 发行现象，扰乱市场的秩序。

第四节
券商督导：科创板保荐跟投制度

一、保荐机构“必须”跟投

科创板规章制度的创新点之一，便是保荐机构跟投的制度。在科创板文件正式出台之前，保荐机构跟投制度已经备受瞩目。《上海证券交易所科创板股票发行与承销实施办法（征求意见稿）》明确规定，保荐机构“可以”参与新股发行的战略配售：

> 发行人的保荐机构依法设立的相关子公司或者实际控制该保荐机构的证券公司依法设立的其他相关子公司，可以参与本次发行战略配售，并对获配股份设定限售期，具体事宜由本所另行规定。

而在《上海证券交易所科创板股票发行与承销实施办法》正式稿中，这一规则却出现了细微变化：

① 指高发行价、高发行市盈率、超高的募集资金。

> 科创板试行保荐机构相关子公司跟投制度。发行人的保荐机构依法设立的相关子公司或者实际控制该保荐机构的证券公司依法设立的其他相关子公司，参与本次发行战略配售，并对获配股份设定限售期，具体事宜由本所另行规定。

将两条规则的内容进行对比，可以发现在《上海证券交易所科创板股票发行与承销实施办法》中，“可以”二字已经被删除。这一变化意味着，保荐机构参与科创板项目成为必选项，具有强制性，券商因此失去了选择权。

对于这一变化，某大型投行的一位相关负责人表示：“科创板试行跟投制度，让券商拿出真金白银来参与自己保荐承销的项目，相当于通过资本约束绑定，这是一种比较市场化的手段，比起过去IPO项目倡导投行‘先行赔付’更加合情合理。”

科创板保荐机构跟投制度所具有的强制性，使得保荐机构在选择保荐企业时更加注重其成长性，因为自己与企业的发展在一定程度上被捆绑在一起。在这一要求下，保荐机构便会优先考虑商业模式较为成熟的企业，在进行估值与发行定价时，给出的方案也更为合理。

二、须通过相关子公司进行配售跟投

在保荐机构跟投制度落地后，一些原本没有设立相关投资子公司的保荐机构纷纷开始筹划设立，以便能及时跟投有关项目。科创板之所以这样要求，主要是监管层希望保荐机构能用自有资金参与其中，而不是引入其他机构的资金。另外，保荐机构的私募子公司近些年来大多数都已经开放对外募资，因此其投资资金并不完全是保荐机构的自有资金，这类子公司不适合跟投。

以往在申报A股其他板块上市的企业中，有的在上市之前由保荐机构的相关子公司突击入股，而这种“保荐+直投”的模式极有可能出现利益输送的现象，因此被监管层叫停并且进行规范。如今保荐机构的相关子公司可以投资保荐机构所保荐的企业，只是在时点上有着严格的要求。

三、科创板保荐跟投制度的详细规定

2019年4月16日，上交所发布了《上海证券交易所科创板股票发行与承销业务指引》（以下简称《业务指引》），对科创板保荐机构跟投制度做了详细论述。针对其中的重点内容，本书做了如下梳理。

1. 限制跟投主体

《业务指引》的第十五条内容明确指出：

> 科创板试行保荐机构相关子公司跟投制度。发行人的保荐机构通过依法设立的另类投资子公司或者实际控制该保荐机构的证券公司依法设立的另类投资子公司参与发行人首次公开发行战略配售，并对获配股份设定限售期。保荐机构通过中国证监会和本所认可的其他方式履行前款规定的，应当遵守本指引关于保荐机构相关子公司跟投的规

定和监管要求。

这一内容在上文已经进行过解读，不再赘述。

2. 明确以自有资金作为资金来源

《业务指引》的第十七条内容要求：

保荐机构相关子公司跟投使用的资金应当为自有资金，中国证监会另有规定的除外。

这一内容与《证券公司另类投资子公司管理规范》内容相对应，能够有效强化保荐机构的责任意识。

3. 依发行规模分档确认跟投比例及金额

《业务指引》中关于首次公开发行规模分档的规定如下：

第十八条　参与配售的保荐机构相关子公司应当事先与发行人签署配售协议，承诺按照股票发行价格认购发行人首次公开发行股票数量2%至5%的股票，具体比例根据发行人首次公开发行股票的规模分档确定：

（一）发行规模不足10亿元的，跟投比例为5%，但不超过人民币4000万元；

（二）发行规模10亿元以上、不足20亿元的，跟投比例为4%，但不超过人民币6000万元；

（三）发行规模20亿元以上、不足50亿元的，跟投比例为3%，但不超过人民币1亿元；

（四）发行规模50亿元以上的，跟投比例为2%，但不超过人民币 10 亿元。

据统计，截至 2019 年底，共有 27 家证券公司累计跟投了 70 个科创板项目，跟投规模为 31.21 亿元。据天风证券预计，2020 年或将有 160 家科创板企业上市，证券公司的跟投规模为 56.81 亿元。

4. 延长锁定期要求

《业务指引》的第十九条内容明确指出：

参与配售的保荐机构相关子公司应当承诺获得本次配售的股票持有期限为自发行人首次公开发行并上市之日起 24 个月。限售期届满后，参与配售的保荐机构相关子公司对获配股份的减持适用中国证监会和本所关于股份减持的有关规定。

这一内容中的锁定期虽然比实际控制人 36 个月的锁定期要短，但有效延长了保荐机构与企业之间的利益绑定期，进而有效增加了保荐机构跟投的减持压力，督促保荐机构优先承销优质项目。同时，该举措有利于维持科创板股价的稳定。

5. 联合保荐须分别实施跟投

《业务指引》的第十六条内容要求：

采用联合保荐方式的，参与联合保荐的保荐机构应当按照本指引规定分别实施保荐机构相关子公司跟投，并披露具体安排。

也就是说，在联合保荐的情况下，参与联合保荐的保荐机构如果分别根据首次公开发行规模分档规定进行跟投，那么保荐机构的跟投支出有可能会高于承销收入，给保荐机构带来资金压力。这种情况将迫使保荐机构提前做好准备，慎重选择联合保荐方式。

综上所述，科创板保荐跟投制度是对保荐机构综合实力的考验，不仅要求保荐机构有能力挑选优质企业，还要求其具备一定的资本实力来进行跟投。在此基础上，跟投制度将改变投资行业的生存状态，打造我国具有核心竞争力的世界级一流投资银行。

第五节
“网上+网下”配售：侧重网下与战略投资者优先

一、网上申购 VS 网下配售

在科创板市场中，“打新”通常都是通过战略配售、网上申购以及网下配售的方式来进行。本书将对网上申购和网下配售两种方式进行对比，以帮助投资者了解二者之间的差异（见表 5-1）。

表 5-1　科创板网上申购和网下配售两种方式的对比

	网上申购	网下配售
参与的投资者	合格投资者（机构、个人）	机构投资者
参与条件	个人投资者需满足“50 万元+2 年”的开户条件，需持有 1 万元以上的沪市股票市值； 不符合网下配售要求的机构投资者	由发行人和主承销商制定，A 类投资者要求持有 1000 万元以上的沪市股票市值，非 A 类其他机构投资者要求持有 6000 万元以上的沪市股票市值
锁定期限	无	无

续表

	网上申购	网下配售
份额	扣除战略投资者配售数量后，发行量的20%～40%	扣除战略投资者配售数量后，发行量的60%～80%
优先配售情况	无	网下发行优先向公募产品、社保基金、养老金、企业年金基金、保险资金配售，配售比例不低于网下发行股票数量的50%

二、网上申购：市值配售存在破发风险

由表5-1可知，个人投资者想要在科创板市场中进行网上申购，需满足两个要求：一是科创板投资者适当性条件；二是账户市值在1万元以上。两个条件中只要有一个不满足，个人投资者就没有资格参与科创板网上申购。

与A股其他板块不同，科创板实行市场化询价的定价模式，摆脱了23倍发行市盈率的上限管制，这将让新股在上市首日有较大概率出现破发的情况。科创板首日破发第一股为建龙微纳，发行价为43.28元，收盘价为42.35元，当日收跌2.15%。在这种情况下，投资者的投资风险加大。为了保护个人投资者，不满足上述要求的个人投资者将无缘网上申购。

三、网下配售：侧重于公募产品、社保基金、养老金等优先

根据《上海证券交易所科创板股票发行与承销实施办法》要求，在网下配售环节，需要通过询价对象进行询价，并且在确定了

股票的公开发行价格后，提供有效报价的投资者才可以参与。除此之外，网下配售还侧重于公募产品、社保基金、养老金、企业年金基金、保险资金优先，这些内容都在《上海证券交易科创板股票发行与承销实施办法》中得到了详细体现，其中对网下配售的相关规定如下：

> 第十二条　在科创板首次公开发行股票，网下发行比例应当遵守以下规定：
>
> （一）公开发行后总股本不超过4亿股的，网下初始发行比例不低于本次公开发行股票数量的70%。
>
> （二）公开发行后总股本超过4亿股或者发行人尚未盈利的，网下初始发行比例不低于本次公开发行股票数量的80%。
>
> （三）应当安排不低于本次网下发行股票数量的50%优先向公募产品（包括为满足不符合科创板投资者适当性要求的投资者投资需求而设立的公募产品）、社保基金、养老金、根据《企业年金基金管理办法》设立的企业年金基金（以下简称企业年金基金）和符合《保险资金运用管理办法》等相关规定的保险资金（以下简称保险资金）配售。
>
> （四）公募产品、社保基金、养老金、企业年金基金和保险资金有效申购不足安排数量的，发行人和主承销商可以向其他符合条件的网下投资者配售剩余部分。
>
> （五）对网下投资者进行分类配售的，同类投资者获得配售的比例应当相同。公募产品、社保基金、养老金、企

业年金基金和保险资金的配售比例应当不低于其他投资者。

（六）安排向战略投资者配售股票的，应当扣除向战略投资者配售部分后确定网下网上发行比例。

值得一提的是，对于科创板网下配售的相关规定，在《上海证券交易所科创板股票发行与承销实施办法（征求意见稿）》中，公募产品、社保基金、养老金配售的比例设置为40%，而在正式稿中，则提升到了50%。

第六节 战略配售：宽松的战略配售制度环境提振中小投资者信心

科创板的亮点内容之一，便是引入战略配售制度。2019年1月30日，上交所就设立科创板并试点注册制相关配套业务规则公开征求意见并且回答记者的提问时，提出了科创板股票发行将会放宽战略配售的实施条件：允许首次公开发行股票数量在1亿股以上的发行人进行战略配售；不足1亿股、战略投资者获得配售股票总量不超过首次公开发行股票数量20%的，也可以进行战略配售。

当然，为了强化市场约束，上交所也要求上市之后的企业在减持战略配售股份时，需要按照其他相关规定中所约定的内容进行预披露。战略配售在境内外市场的实施都有成功的案例，既能有效引入增量资金，也是企业股票发行的有力推手。

在新股发行中实行战略配售，在A股市场已经不是第一次出现了。早在《证券发行与承销管理办法》的规定中，便已经提出了首次公开发行的数量能够超过4亿股的股票可以向战略投资者配售股票。该办法虽然早就颁布，但在2014年陕西煤业之后，战略配售行为便再也没有在上市企业中出现过，直到2018年工业富联发行新股，这一局面才出现变化。

科创板实行战略配售制度，自然要与其定位相符，对首次公开发行股票数量的要求发生变化，不再受4亿股的限制。《上海证券交易所科创板股票发行与承销实施办法》对战略配售做出了以下规定：

> 第十六条　首次公开发行股票可以向战略投资者配售。
>
> 首次公开发行股票数量在1亿股以上的，战略投资者获得配售的股票总量原则上不得超过本次公开发行股票数量的30%，超过的应当在发行方案中充分说明理由。
>
> 首次公开发行股票数量不足1亿股的，战略投资者获得配售的股票总量不得超过本次公开发行股票数量的20%。
>
> 第十七条　发行人应当与战略投资者事先签署配售协议。发行人和主承销商应当在发行公告中披露战略投资者的选择标准、向战略投资者配售的股票总量、占本次发行股票的比例以及持有期限等。
>
> 战略投资者参与股票配售，应当使用自有资金，不得接受他人委托或者委托他人参与，但依法设立并符合特定投资目的的证券投资基金等主体除外。发行人和主承销商应当对战略投资者配售资格进行核查。
>
> 战略投资者应当承诺获得本次配售的股票持有期限不少于12个月，持有期自本次公开发行的股票上市之日起计算。

科创板战略配售制度的建立，为科创板企业引入战略投资者提供了良好的环境；但与此同时，发行人也要关注该制度能不能获得投资者的认可。以目前情况来看，科创板的战略配售制度将对各方主体形成考验。

首先，对于企业而言，信息披露是必要程序，而投资者将会以企业所披露的信息作为参考依据，做出是否参与配售的决策。投资者是否参与配售，将由企业是否具有核心技术、成长空间等方面决定。举例说明，科创板首批获受理的 9 家企业中，和舰芯片作为唯一一家亏损而且还是连续 3 年都在亏损的企业，通常情况下很难获得投资者的青睐，因此在 2019 年 7 月终止了科创板上市申请。

其次，对于保荐机构来说，战略配售机制对其定价能力提出了新的要求。目前，科创板企业发行上市采取市场化询价的定价模式。除此之外，科创板服务的对象都是高新技术产业或战略性新兴产业领域内的企业，这些企业的平均估值要比 A 股其他板块的相对较高，因此科创板的新股极有可能会高价发行。公开数据显示，2019 年 7 月，科创板首批 25 家公司发行价落定，市盈率平均为 49 倍；2019 年底，70 家科创板上市公司的发行市盈率（摊薄）平均为 59 倍。

科创板发行价格的高低对企业的融资需求有直接影响。如果新股发行价格定得过高，因保荐机构本身被强制要求进行跟投（属于战略配售行为），且所获股份有一定的限售期；如果新股发行价格定得过低，企业的融资需求将无法得到满足，并且还会给保荐机构带来负面效果。如果在限售期满之后，当时的股价比配售价要低，那么保荐机构的跟投股份就处于亏损状态，甚至出现其保荐收入不足以弥补亏损的情况，那么保荐机构的保荐行为将会因此而没有意义。

最后，对于投资者而言，参与战略配售时，需要判断企业所处行业的发展趋势与前景、发行价格是否合理等，才能进行最终决策。如果投资者不具备良好的分析、投资决策等能力，那么参与战略配售未必能够取得良好的收益。

综上所述，科创板放宽战略配售实施条件的行为，虽然能够在一定程度上给市场传递正面信号，以此来提振投资者的信心；但同时也会对各方主体的发展或能力提出挑战，这便需要科创板在今后的探索过程中不断进行自我完善。

第七节
高管参与战略配售：保证企业长期激励效果

2019 年 1 月 30 日，上交所就设立科创板并试点注册制相关配套业务规则公开征求意见并且回答记者的提问时，明确指出："允许发行人高管与员工通过专项资产管理计划，参与发行人股票战略配售。要求发行人在披露招股说明书中，对高管、核心员工参与配售情况进行充分信息披露；上市后减持战略配售股份应当按规定进行预披露，以强化市场约束。根据境内外实践经验，向战略投资者配售这一安排，在引入市场稳定增量资金、帮助发行人成功发行等方面富有实效。建立发行人高管与核心员工认购机制，有利于向市场投资者传递正面信号。"

为了呼应上述要求，随后上交所推出了《上海证券交易所科创板股票发行与承销实施办法》，其中的第十九条对高管参与战略配售的行为有如下规定：

> 发行人的高级管理人员与核心员工可以设立专项资产管理计划参与本次发行战略配售。前述专项资产管理计划获配的股票数量不得超过首次公开发行股票数量的10%，且应当承诺获得本次配售的股票持有期限不少于12个月。发行人的高级管理人员与核心员工按照前款规定参与战略配售的，应当经发行人董事会审议通过，并在招股说明书中披露参与的人员姓名、担任职务、参与比例等事宜。

科创板实行市场化询价的定价模式，而让企业高管参与战略配售的举措，与保荐机构相关子公司的跟投制度相比，进一步表明了企业对于自身发展有充足的信心，从而能更好地激励投资者进行投资。企业高管参与战略配售属于自主行为，一旦执行，高管便需要以市场价来购买自家企业的股票，并且有1年的锁定期要求。因此，如果企业发行股票时有高管参与战略配售，无疑是通过以身作则来展示其看好企业未来的发展。

据上证报记者统计，2019年7月22日，在科创板首批25家上市企业中，有8家企业的高管与核心员工参与了战略配售，涉及资金达到10.31亿元。这8家企业分别是：中国通号、光峰科技、心脉医疗、睿创微纳、虹软科技、交控科技、乐鑫科技和安集科技。

其中，中国通号合计有573名参与人（剔除同一人认购两项产品的情况，实际有572人参与认购），通过5个资管计划参与战略配售，涉及资金达6.36亿元。中国通号是8家企业中唯一一家战略配售金额超过 1 亿元的企业。其余 7 家企业的情况分别为：光峰科技涉及金额为 7960 万元、心脉医疗涉及金额为 7130 万元、睿创微纳涉及金额为 6000 万元、虹软科技涉及金额为 5933 万元、交控科技涉及金额为 5592 万元、乐鑫科技涉及金额为 5262 万元、安集科技涉及金额为 1596 万元。

在认购股份占比方面，多家公司的高管与核心员工参与战略配售的股数占发行总量的比例超过 5%。其中，交控科技的认购股份占比最高，共有 27 名高管与核心员工参与认购，共获配 345.6 万股，占此次股份发行数量的 8.64%。

从参与战略配售的金额来看，8 家企业悬殊较大。例如，中国通号单个员工的出资额为 100 万~200 万元，光峰科技董事长李屹的出资额达到 3510 万元。

从财务数据看，高管参与战略配售计划的企业都有自己独特的优势，这无疑坚定了投资者进行投资的决心。除此之外，企业高管参与战略配售，还有助于维系企业控制权的稳定。

第八节

绿鞋机制：给予主承销商稳定新股价格的权利

一、受到认可的绿鞋机制

在正式文献中，绿鞋机制通常都表述为“超额配售选择权”。绿鞋机制是指在特定情况下，发行人原计划发行的股票数量不能满足承销商的需求，而承销商便可以在原计划发行股票数量的基础上，向投资者出售更多的股票。在首次公开募股的一段时间内，承销商根据市场情况，有权要求发行人增发股票，而对这些超额发售部分提出认购申请的投资者将有可能获得分配。

绿鞋机制在本质上也可以将其归纳为承销商的“托市”行为，企业新股在刚上市交易时，股价极易产生大幅波动，而承销商为了避免这种情况的过度发生，便有意识地介入股票交易过程。

托市行为能起到稳定股价的作用，本质上属于股价操纵行为，但是美国证券交易委员会对其却比较宽容。美国证券交易委员会认为，新股上市价格出现大幅波动，并不利于股权的分散。

与此同时，美国证券交易委员会对承销商的托市行为做了严格的规定。首先，要求承销商在招股说明书中披露是否有托市的意愿；其次，当真正开始托市时，承销商要对美国证券交易委员会进行通报。承销商如不遵守，便将托市行为定义为股价操纵行为。

二、绿鞋机制的使用情况

1963 年，美国波士顿的绿鞋制造公司（Green Shoe Manufacturing Co.）首次公开募股时率先使用该机制，因此将其命名为绿鞋机制。此后，美国证券交易商协会便认可了绿鞋机制对价格的稳定作用。目前，美国证券交易委员会对绿鞋机制的管理规范是 1996 年公布并且在后来不断进行修订的 M 条例（*Regulation M*）。

1993 年，我国香港地区的资本市场开始采取绿鞋机制，发展至今已经成为常规，大多数企业在首次公开募股时都会采取这一机制。

总体来说，绿鞋机制在美国与中国香港的资本市场中得到了普遍使用。据统计，2019 年上半年，美国纽交所和纳斯达克共有 375 家企业 IPO，其中有 303 家企业采用了绿鞋机制，占比高达 80.80%；中国的港股市场，同期有 276 家企业 IPO，其中有 134 家企业采用了绿鞋机制，占比约为 48.55%。其中，IPO 规模较大的企业基本都采用了绿鞋机制。

截至 2020 年 1 月 12 日，创全球 IPO 最大融资额纪录的企业——沙特阿美在执行了绿鞋机制后，额外售出 4.5 亿股股票，融资额达到 294 亿美元。

与之相对应的是，我国 A 股市场采用绿鞋机制的时间相对较晚，而且应用范围不广。2001 年 9 月，证监会发布了《超额配售选择权试点意见》，目的是规范各证券公司在拟上市及上市企业向社会公众发售股票时，行使超额配售选择权的行为。2006 年 9 月，证监会发布了经过修订的《证券发行与承销管理办法》，并且在第四十八条中明确规定：

> 首次公开发行股票数量在 4 亿股以上的，发行人及其主承销商可以在发行方案中采用超额配售选择权。超额配售选择权的实施应当遵守中国证监会、证券交易所和证券登记结算机构的规定。

2006 年 10 月，工商银行在 A 股主板上市，并且采用了绿鞋机制，成为我国第一家采用这一制度的 A 股企业（B 股在 1995 年 6 月由广东电力发展股份有限公司首次采用）。但是，总体而言，我国采用绿鞋机制的上市企业并不多。

从超发股票的承接方角度进行分类，绿鞋机制目前主要有 3 种操作方式（见图 5-3）。

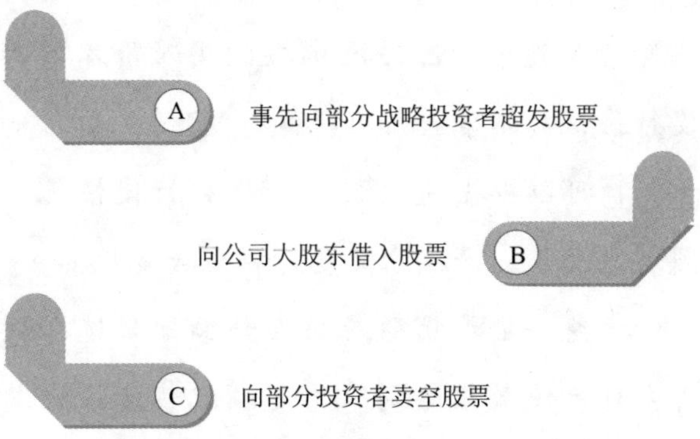

图 5-3　绿鞋机制实际操作的 3 种方式

这 3 种方式在美国、中国香港股市中都可以使用；而在我国 A 股市场中，根据《超额配售选择权试点意见》的规定，目前只允许向部分战略投资者超发股票。

三、绿鞋机制在科创板未来可期

2019 年 3 月 1 日，上交所发布《上海证券交易所科创板股票发行与承销实施办法》，明确指出企业在科创板上市可以采用绿鞋机制，并且做出了以下规定：

> 第二十一条　发行人和主承销商可以在发行方案中采用超额配售选择权。采用超额配售选择权发行股票数量不得超过首次公开发行股票数量的 15%。
>
> 主承销商采用超额配售选择权，应当与参与本次配售并同意作出延期交付股份安排的投资者达成协议。

第二十二条　发行人股票上市之日起 30 个自然日内，主承销商有权使用超额配售股票募集的资金，从二级市场购买发行人股票，但每次申报的买入价不得高于本次发行的发行价，具体事宜由本所另行规定。

主承销商可以根据超额配售选择权行使情况，要求发行人按照超额配售选择权方案发行相应数量股票。

第二十三条　主承销商应当在超额配售选择权行使期届满或者累计行使数额达到采用超额配售选择权发行股票数量限额的 5 个工作日内，根据超额配售选择权行使情况，向发行人支付超额配售股票募集的资金，向同意延期交付股票的投资者交付股票。

事实上，绿鞋机制想要充分发挥其作用，前提条件是采用市场化定价模式。与 A 股其他市场不同，科创板的定位及其规则上的创新更有利于绿鞋机制的推广。例如，科创板作为资本市场的增量改革，采取了市场化询价的定价模式，能够有效激发市场活力。

科创板引入绿鞋机制，不仅对发行人与承销商是利好，而且对市场的健康发展以及投资者的权益保护都能够起到推动作用。

综上所述，作为一个可行的价格稳定机制，绿鞋机制在科创板市场极有可能会得到各方的普遍支持，其发展未来可期。

第六章

注重保护投资者权益的科创板

结合证监会和上交所发布的相关文件，可以看出科创板进一步强化了对中小股东权益的保护。

第一节

与国际化接轨：提升市场定价效率为主板创新积累经验

科创板的规则制度对标的是国际成熟市场，通过放宽涨跌停板幅度、优化融资融券机制等方式，强化市场的主导功能。企业通过科创板上市并进行交易，既能推动企业的发展，又能提升市场的定价效率。在这一背景之下，因单向交易产生的大幅度波动问题如果能够解决，就会激励中长期资金入市。

除此之外，作为我国资本市场改革的“实验田”，科创板针对科技创新企业的不同特点，通过设置5套市值标准、引入盘后固定交易价格等措施来实现差异化机制安排，减少各种因素对于股价的冲击，进一步提振投资者的信心。与此同时，科创板对交易机制的创新，能够有效防止过度投机行为，并进一步推动市场的良性发展，为未来的主板改革积累经验。

首先，在个人投资者准入门槛上，科创板的规定与沪港股票市场交易互联互通机制的标准相类似，即“50万元资产+2年证券交易经验”，并且这两个条件缺一不可。如果个人投资者没有满足上述条件，上交所鼓励其通过购买公募基金等方式参与科创板交易，这种做法既能让投资者参与其中，也能降低个人投资者的投资风险。与此同时，通过购买公募基金参与科创板交易的方式，能够让专业的资产管理机构充分发挥其职能，更能有效保护中小投资者的权益。

其次，科创板将股价的涨跌幅限制放宽至20%，并且规定新股上市后的前5个交易日没有涨跌幅限制，这一规定能够有效提升市场的流动性。与此同时，科创板还设置了更加灵活的申报价格最小变动单位，并且引入盘后固定价格交易机制，上述种种规定都有助于提升科创板交易制度的灵活性与专业性。

最后，值得一提的是，科创板的融资融券制度规定，个股上市首日即可作为融资融券的标的，这一举措有助于后续股指期权等标的的试点工作，进而优化风险对冲措施。

综上所述，对标国内市场，科创板采取的交易方式及发布的单笔交易规定将为投资者提供更多的选择；对标国际成熟市场，科创板对股价涨跌幅的要求释放了积极信号，而融资融券制度的变革则表明科创板对市场取得多空平衡的期待。

第二节
机构投资者：科创板对机构投资者的鼓励政策

自2018年以来，证监会与上交所不断发布新规则，以此来完善科创板的设立工作。通过对目前已经发布的众多规则的梳理，不难发现，科创板所推行的众多政策相对更利好机构投资者。对于这一点，本书将通过以下3个方面进行分析。

首先，在准入门槛上，上文提及了科创板对于个人投资者的要求。虽然这一门槛与新三板相比，明显降低不少；但是对于不少个人投资者而言，还是显得略为苛刻。

其实，证监会负责人就“设立科创板并试点注册制”这一举措进行答疑时，便已经表示："证监会将指导上交所针对创新企业的特点，在资产、投资经验、风险承受能力等方面加强科创板投资者适当性管理，引导投资者理性参与。鼓励中小投资者通过公募基金等方式参与科创板投资，分享创新企业发展成果。"也就是说，对因种种原因而无法满足科创板相关要求的个人投资者而言，可以通过购买公募基金的方式参与科创板的交易。当然，这一方式也有助于机构投资者募集到更多的资金。

其次，《上海证券交易所科创板股票发行与承销实施办法》第四条规定，企业首次公开发行股票时，应向"证券公司、基金管理公司、信托公司、财务公司、保险公司、合格境外投资者和私募基金管理人等专业机构投资者"询价，以此来确定股票的发行价格。

将科创板的这一规定与主板的规则相比，可以看出，参与询价的网下投资者并不包括主板中的"符合要求的个人投资者"。

对此，上交所相关负责人也曾表示："考虑到科创板对投资者的投资经验、风险承受能力要求更高，全面采用市场化的询价定价方式，将首次公开发行询价的对象限定为七类专业机构。"

也就是说，个人投资者虽然是科创板的重要参与者，但并不能参与网下配售过程。这主要是因为参与这一流程需要对企业进行询价，这便要求参与者具备一定的定价能力，而这一点是大多数个人投资者都欠缺的，所以必须提高个人投资者参与网下配售的门槛。因此，科创板的网下配售业务更适合资金实力雄厚并且具备较强定价能力的机构投资者。

最后，就配售机制来看，科创板的定价模式更加市场化。这是因为：科创板所制定的上市标准与主板存在较大差异，科技创新企业的经营活动具有很强的不确定性，科创板执行了被称为“史上最严格的退市制度”。考虑到上述3种情况，科创板要求投资者具备一定的分析能力以及风险承受能力，能够对企业的核心竞争力进行考察与判断，同时还有能力承担失败的后果。因此，科创板对机构投资者进行倾斜的制度安排是合理且可行的，同时也符合科创板的定位。

综上所述，科创板目前采取的政策，对机构投资者而言是利好，对个人投资者来说，也起到了保护的作用。

第三节 个人投资者：严格把关科创板开通权限

在《上海证券交易所科创板股票交易特别规定》中，对个人投资者的准入门槛提出了明确要求。具体要求如下：

> 第四条　个人投资者参与科创板股票交易，应当符合下列条件：
>
> （一）申请权限开通前20个交易日证券账户及资金账户内的资产日均不低于人民币50万元（不包括该投资者通过融资融券融入的资金和证券）；
>
> （二）参与证券交易24个月以上；
>
> （三）本所规定的其他条件。

除此之外，在《关于科创板投资者教育与适当性管理相关事项的通知》中，也明确规定了个人投资者是否符合投资者适当性条件的核查标准。

2019 年，上交所又针对个人投资者的开户问题，向各大券商下达了《关于落实科创板投资者适当性管理要求的通知》，要求在科创板权限开通问题上对个人投资者进行严格审核。

《关于落实科创板投资者适当性管理要求的通知》明确规定：

> 一、会员应当根据《证券期货投资者适当性管理办法》《上海证券交易所科创板股票交易特别规定》《上海证券交易所投资者适当性管理办法》《关于科创板投资者教育与适当性管理相关事项的通知》等规定，制定完善科创板投资者适当性管理的相关工作制度，做好科创板投资者适当性综合评估，确保参与交易的客户符合科创板投资者适当性管理要求。

这一针对个人投资者开户权限的要求可以衍生出 4 个方面的内容：

1. 如有需要，投资者需提供资金来源信息

也就是说，券商在对投资者的适当性条件进行审查时，如果发现存在问题或者产生疑问时，都可以要求投资者提供其资金来源的证明。如果投资者不愿意提供或者是提供虚假信息，券商可以拒绝为其提供与科创板相关的服务。

需要注意的是，通知内容还强调了券商在为个人投资者开通科创板股票交易权限时，不能为其提供自动开通融资融券交易的权限。除此之外，券商需要让个人投资者对科创板股票融资融券交易的风险有一个较为全面的认知之后，才能为其提供交易服务，以此来保

护投资者的合法权益。

2. 如有需要，已开通账户也要重新核查

《关于落实科创板投资者适当性管理要求的通知》规定，除了要求券商严格把关科创板的开通权限外，对已经开通权限的账户也需要审查。具体来看，该通知针对不同情况制定了差异化方案。

（1）通知下达后权限未开通：认真核查个人投资者是否符合投资者适当性条件。在申请开通科创板股票交易权限前，券商需要了解在规定时间内，个人投资者的账户资产分布是否存在异常等情况。如果个人投资者的账户资产出现异常现象，券商需要严格核查其资金来源和性质等。审查过后，对于不符合适当性条件的个人投资者，券商将拒绝为其开通科创板股票交易权限。

（2）通知下达前权限已开通：提及追溯，重新核查。在通知发布之前，对于已经开通了科创板股票交易权限的个人投资者，券商需要根据通知内容对其重新核查。如果个人投资者存在账户资产变动异常，需要根据通知下达后的要求重新进行综合评估，然后根据结果采取进一步措施，以此来确保个人投资者符合投资者适当性管理要求。

3. 强化风险告知

在《关于落实科创板投资者适当性管理要求的通知》中，重点强调了券商应当向个人投资者充分介绍科创板的投资风险。

关于这一点，通知要求券商在评估个人投资者的风险承受能力时，不能通过明示、暗示等方式对其进行诱导或者误导；而是通过客观方式，来保证自已能够获得相对真实的评估结果。评估结束后，如果个人投资者风险承受能力的结论与以往结果不符，券商需要正确引导其理性参与科创板股票交易。

对于评估内容，券商需要重点了解个人投资者对科创板股票交易的认知程度，比如规则与流程、投资风险等，而评估方式可以通过问卷调查等手段进行。需要注意的是，通知内容强调双方在签订《科创板股票交易风险揭示书》等相关文件前，券商一定要给个人投资者充分合理的时间进行阅读与理解，加强个人投资者对科创板股票交易的认知，并且让其对自身的风险承受能力有较为充分地了解，以此来做出是否参与科创板股票交易的决定。

除此之外，通知还表示，支持券商通过多种渠道和方式对个人投资者进行教育，全面客观地介绍科创板股票交易的相关知识，以进一步加深个人投资者对科创板的认知。

4. "垫资开户"渠道不再通畅

随着科创板的推出，券商相继开始提供相关服务，"垫资开户"话题的热度也居高不下。这主要是因为早期管理层对于"垫资开户"的行为没有明确规定，致使这一行为处于灰色地带。除此之外，由于有需求，再加上券商的"垫资开户"行为未受到严格管制，故而有不少"嗅到商机"的配资企业通过各种方式，宣传能够为投资者提供单日转移1000万元资金到其账户的服务，以此来帮助投资者满足"50万元资产门槛+2年证券交易经验"的要求。

但是，《关于落实科创板投资者适当性管理要求的通知》对"垫资开户"行为有明文规定，要求券商严格把关科创板权限开通工作，故"垫资开户"的现象将难以持续。

上交所相关负责人曾表示，科创板的投资门槛并不一定会一直维持此标准，有可能会随着科创板发展的需要而进行适当的改变。因此，目前还没有达到科创板准入标准的个人投资者没有必要强行开户，避免给自己带来不良影响。

第四节 竞价交易制度："T+1"、盘后固定价格交易

一、"T+1"交易制度

整体上讲，科创板在制度方面进行了许多创新，比如试点注册制、新股上市后的前 5 个交易日不设涨跌幅限制等。但是，让许多投资者感到有些遗憾的是，科创板依然实施"T+1"交易制度，而不是众多投资者期盼的交易制度——"T+0"。

"T+1"是指投资者当天入手的股票，需要在下一个交易日才能卖出；而"T+0"是指当天入手的股票，当天就能卖出。投资者之所以期待"T+0"交易制度，是因为在他们看来，"T+1"打断了其交易节奏。

有些投资者认为，"T+1"交易制度让他们不能在买入当天便及时止损，股票随后的走势如何，只能"听天由命"。

除此之外，股指期货实行"T+0"交易制度，而股市采取"T+1"交易制度，二者的不同步可能导致有人做空股市。

因此，科创板仍然采取"T+1"交易制度，这引起了多方热议。对此，上交所相关负责人曾经表示："'T+0'交易机制在 A 股市场并不是新鲜事物，上交所成立初期曾实施过'T+0'交易机制，但

最终因为市场条件不成熟，所以转而采取‘T+1’交易制度。因此，本次也就不必实行‘T+0’了。”

二、盘后固定价格交易制度

针对科技创新企业的特点，《上海证券交易所科创板股票交易特别规定》引入了盘后固定价格交易制度。与此同时，2019 年 3 月 1 日，上交所还发布了《上海证券交易所科创板股票盘后固定价格交易指引》，并且对“盘后固定价格交易”这一概念予以定义，即指“在收盘集合竞价结束后，本所交易系统按照时间优先顺序对收盘定价申报进行撮合，并以当日收盘价成交的交易方式”。

除此之外，指引当中还明确了盘后固定价格交易的时间，“每个交易日的 15：05 至 15：30 为盘后固定价格交易时间，当日 15：00 仍处于停牌状态的股票不进行盘后固定价格交易”，以及“接受交易参与人收盘定价申报的时间为每个交易日的 9：30 至 11：30、13：00 至 15：30”。根据《上海证券交易所科创板股票盘后固定价格交易指引》的规定，在下单申报时，投资者还需要注意以下事项：

第四条 ……

开市期间停牌的，停牌期间可以继续申报。停牌当日复牌的，已接受的申报参加当日该股票复牌后的盘后固定价格交易。当日 15：00 仍处于停牌状态的，本所交易主机后续不再接受收盘定价申报，当日已接受的收盘定价申报无效。

接受申报的时间内，未成交的申报可以撤销。撤销指令经本所交易主机确认方为有效。

…………

第六条　本所盘后固定价格交易接受交易参与人的收盘定价申报。收盘定价申报指令应当包括证券账号、证券代码、营业部代码、买卖方向、限价、数量等内容。若收盘价高于收盘定价买入申报指令的限价，则该笔买入申报无效；若收盘价低于收盘定价卖出申报指令的限价，则该笔卖出申报无效。

第七条　通过收盘定价申报买卖科创板股票的，单笔申报数量应当不小于 200 股，且不超过 100 万股。卖出时，余额不足 200 股的部分，应当一次性申报卖出。

第八条　收盘定价申报当日有效。

第九条　盘后固定价格交易阶段，本所以收盘价为成交价、按照时间优先原则对收盘定价申报进行逐笔连续撮合。

…………

第十一条　盘后固定价格交易量、成交金额在盘后固定价格交易结束后计入该股票当日总成交量、总成交金额。

第十二条　通过盘后固定价格交易减持股份的，视同竞价交易执行股份减持的相关规定。

盘后固定价格交易制度是科创板进行差异化安排的体现，是完善盘中连续交易机制的合理举措。盘后固定价格交易制度的制定，让投资者即便在非竞价撮合的时间内，也可以通过确定性价格进行交易，同时还能够有效缓冲单笔大单交易给交易价格带来的冲击。

第五节

涨跌幅限制：更市场化的股票交易制度

相较于主板、创业板等其他板块，科创板在许多方面都有自己的特色。比如，《上海证券交易所科创板股票交易特别规定》的第十八条指出：

> 本所对科创板股票竞价交易实行价格涨跌幅限制，涨跌幅比例为 20%。科创板股票涨跌幅价格的计算公式为：涨跌幅价格=前收盘价×（1±涨跌幅比例）。首次公开发行上市的股票，上市后的前 5 个交易日不设价格涨跌幅限制。

科技创新企业具有投入大、迭代快、高风险、高成长性等特点，因此其股票价格很容易出现大幅波动。上交所通过总结 A 股其他板块的股票交易涨跌幅制度的实施经验，再结合科技创新企业的特点，制定出上述关于价格涨跌幅限制的规定，以此来帮助科创板上市企业尽快形成合理股价。

自 2014 年以来，我国 A 股市场要求新股上市首日价格的涨停板限制为 44%，同时实行竞价交易 10% 的涨跌幅限制，而科创板提出上市后的前 5 个交易日取消新股价格的涨跌幅限制，这无疑是一次大胆创新。除此之外，对于上市 5 日后股价的涨跌幅限制，科创板的要求也明显放宽。本书总结了科创板企业上市后的前 5 个交易日不设价格涨跌幅限制带来的 4 个影响，下面分别加以阐述。

1. 一段时期内将出现首日大涨现象

科创板的设立能够有效加强资本市场对科技创新企业的扶持力度，同时也是资本市场的重大改革举措。在科创板开通的一段时期内，为了规避风险，同时理性引导投资者进行投资，上交所基本挑选优质的企业发行新股。因此，在科创板开通初期，上市企业具有较大的投资价值，需求也较大，甚至出现供不应求的现象。在这一背景之下，科创板取消涨跌幅限制，新股比较容易出现上市首日股价大涨的现象。

据新浪财经报道，2019 年 7 月 22 日科创板首批上市的企业有 25 家，上市首日平均涨幅达 140%，12 月为 74%；2020 年 1 月新股上市首日平均涨幅为 155%，2 月为 253%，3 月为 90%。

2. 交易更加活跃

科创板取消股价涨跌幅限制，在上市企业股价出现大涨的情况下，为参与各方带来高额回报。基于这一背景，投资者交易意愿提高，个股交易活跃程度也因此而获得提升。以 2019 年 7 月 22 日科创板首批上市的 25 家企业为例，上市首日的平均换手率达到 78%，成交额高达 485 亿元。

3. 炒作周期缩短

在科创板取消涨跌幅限制，提升了个股上市首日成交量与换手率的情况下，市场对于新股的定价能力更强，炒作周期缩短。

4. 中长期将出现破发现象

科创板在开通初期，新股出现了供不应求的情况，但随着科创板上市企业的数量逐渐增多，这种现象正逐渐消失。统计数据显示，截至 2020 年 3 月 31 日，在科创板已上市的 94 家企业中，有 7 家出现破发现象，占比约为 7%。

上交所相关负责人表示，对科创板涨跌幅限制的安排，主要是为了更好地保护投资者权益。除此之外，这一措施能够明显提升市场交易的活跃度，进一步激发市场的流动性。

第六节
交易细节：交易数量与价格最小变动单位新规

上交所相关负责人表示，科创板要调整和优化交易机制，其中便包括对交易数量与价格最小变动单位的要求。

一、科创板股票单笔申报数量应不小于 200 股

对于调整单笔申报数量的要求，《上海证券交易所科创板股票交易特别规定》明确指出，不再要求单笔申报数量为 100 股及其整倍数。除此之外，对于市价订单以及限价订单，该规定明确要求单笔申报数量应不小于 200 股。另外，在申报数量上，规定要求市价订单的单笔申报最大数量为 5 万股，限价订单的单笔申报最大数量为 10 万股。

除此之外，科创板可以市场实际走势为依据，根据股价所处的档位高低情况，来实施不同的申报价格最小变动单位，此举能够进一步提升市场的流动性。同时，上交所还对科创板股票的有效申报

价格范围和盘中临时停牌情形等做出规定。这些措施能够有效防止市场过度投机炒作，保护投资者的合法权益，进而促进市场的健康发展。

二、科创板股票的单笔申报数量的具体要求

上交所规定，投资者申报购买科创板企业的股票时，单笔申报数量不能小于 200 股，而超过 200 股的部分，在进行递增时，可以 1 股作为递增单位，比如 201 股、207 股等。

根据要求，投资者在申报卖出科创板企业的股票时，单笔申报数量超过 200 股的部分，在进行递增时，同样以 1 股作为递增单位。但需要注意的是，余额不足 200 股时，应当一次性申报卖出，比如余额为 100 股，便需要一次性申报卖出。

第七节
融资融券制度：上市首日即可作为融资融券标的

科创板制定的多项交易制度都与 A 股现行的交易制度存在较大差别，包括融资融券制度。《上海证券交易所科创板股票交易特别规定》的第十三条明确指出：

> 科创板股票自上市首日起可作为融资融券标的。证券公司可以按规定借入科创板股票，具体事宜另行规定。

这一规定意味着，企业股票在科创板上市的第一天，就有可能

会被做空。数据显示，2019 年 7 月 22 日，首批上市的 25 只科创板个股的融券余额为 7.97 亿元。

根据《上海证券交易所融资融券交易实施细则（2019 年修订）》的规定，股票要想成为融资融券标的，需要达到一定标准，具体内容如下：

> 第二十四条　标的证券为股票的，应当符合下列条件：
>
> （一）在本所上市交易超过 3 个月；
>
> （二）融资买入标的股票的流通股本不少于 1 亿股或流通市值不低于 5 亿元，融券卖出标的股票的流通股本不少于 2 亿股或流通市值不低于 8 亿元；
>
> （三）股东人数不少于 4000 人；
>
> （四）在最近 3 个月内没有出现下列情形之一：
>
> 1. 日均换手率低于基准指数日均换手率的 15%，且日均成交金额小于 5000 万元；
>
> 2. 日均涨跌幅平均值与基准指数涨跌幅平均值的偏离值超过 4%；
>
> 3. 波动幅度达到基准指数波动幅度的 5 倍以上。
>
> （五）股票发行公司已完成股权分置改革；
>
> （六）股票交易未被本所实施风险警示；
>
> （七）本所规定的其他条件。

券商在处理融资融券业务的风险管控问题时，设立适当性门槛、采取对冲措施等是必要手段。另外，采用对客户分层来管控风险的方式也值得推广，也就是将客户划分为专业和普通两种级别，并且根据市场情况不断进行调整。

事实上，融资融券业务在我国A股市场已初具规模，但如果对其结构进行分析，可以发现融资融券的结构严重失衡。中国产业信息网的数据显示，截至2020年2月27日，沪深两市融资融券的余额已达到11247.98亿元，其中融资余额达到11092.74亿元，占比接近99%，融券余额为155.24亿元，占比基本稳定在1%。从结构上来看，沪深两市的两融业务基本上是以融资为主。

造成这一现象的原因有很多，比如个人投资者不习惯做空、制度设计不完善等。但是，最重要的原因是融券的券源不足，对此，业内人士也曾表示，融券需求肯定是有，但现在主要是券的来源太少。

一般来说，券商为了确保自营盘取得理想的持仓估值与业绩，持有的通常都是发展势头较好的优质个股，这类股票并不利于客户融券卖空。

针对A股目前的融资融券业务困境，为了提高市场定价效率，改善融券比例过低的状况，上交所相关负责人明确表示要在科创板中优化融券交易机制，并且科创板股票自上市首个交易日起即可作为融资融券标的。除此之外，融券标的的选择标准也会与A股其他板块目前的融资融券标准有所区别。

目前，科创板不断出台新政策，以此来完善融资融券制度。《科创板首次公开发行股票注册管理办法（试行）》中就有“战略投资者在承诺的持有期限内，可以按规定向证券金融公司借出获得配售的股票。借出期限届满后，证券金融公司应当将借入的股票返还给战略投资者”的规定。

融资融券制度的不断完善，将推动科创板早日形成有效的多空平衡机制。据人民网报道，截至2019年11月5日，科创板股票的融券余额为21.68亿元，融资余额为39.4亿元，两者之比为1∶1.8。

第八节

投资者保护：投资者关系管理与相应保护机制

投资者是资本市场的主要参与群体，但以目前情况而言，投资者在信息获取方面尚处于弱势地位，同时风险承受能力相对较低，其合法权益也没有得到充分的保护。针对这一问题，科创板在投资者保护制度方面进行了创新。

《实施意见》主要对保护投资者的合法权益进行了阐述：

> （十九）保护投资者合法权益。严厉打击欺诈发行、虚假陈述等违法行为。对以欺骗手段骗取发行注册等违法行为，依照证券法第一百八十九条等规定依法从重处罚。对欺诈发行上市的，可以责令上市公司及其控股股东、实际控制人按规定购回已上市的股份。探索建立发行人和投资者之间的纠纷化解和赔偿救济机制。将发行人和相关中介机构及责任人的信用记录纳入国家统一信用信息平台，加强监管信息共享，完善失信联合惩戒机制。

针对这一内容，科创板对投资者的保护主要通过以下方式来体现。

1. 严格上市标准

科创板对企业上市制定的标准是基于企业的定位来进行的，总体而言需要企业满足科技与创新的要求，因此制定的标准也比较高。其实，科创板的上市标准能够有效防止缺乏持续科技创新能力的企业混迹其中，规避“劣币驱逐良币”的风险，并且保证上市企业的整体质量，让投资者能够真正分享到科技创新红利。

2. 强化信息披露

科创板以信息披露为中心，切实改变中小投资者在信息获取方面的弱势地位。同时，科创板严格审核信息披露内容，要求中介机构对投资者进行充分的风险教育和提示，让投资者能够及时、真实地了解科创板股票交易的相关信息，进而做出理性的投资决策。

除此之外，企业控股股东、董事、监事、高级管理人员、中介机构等需要承担信息披露不规范、不充分以及虚假陈述等所带来的连带责任，进而保证信息披露的真实性、有效性，以充分保护投资者的合法权益。

3. 完善 IPO 发行制度

科创板不断完善 IPO 发行制度，以此来确保市场的活跃度，并且进一步解决市场疯狂炒作新股的问题，防止过度投机行为损害投资者的利益。

4. 变革市场交易规则

科创板目前的交易规则要求对股票竞价交易实行价格涨跌幅限制，涨跌幅比例为 20%，上市后的前 5 个交易日不设价格涨跌幅限制，以此促进市场流动性，保护投资者的合法权益。

5. 严格执行企业退市制度

借鉴境外成熟市场经验，科创板制定了严格的退市制度，并且全面执行。对存在虚假陈述、欺诈发行问题的企业，科创板相关负责人表示一旦发现便立即无条件让其退市，并且不再允许该企业进入市场。这一做法可以说是保护投资者权益的根本性措施之一。

6. 推动完善有关法律法规

一个相对成熟的市场不仅要有完善的交易机制，同时还需要完善的法律制度作为依据，才能对投资者的合法权益有更好的保护。对此，在行政执法与刑事司法的衔接方面，科创板也应发挥自己的作用，进而推动相关法律制度的完善，以有效震慑证券违法犯罪行为。

只有通过合理的制度安排与机制设计，科创板投资者的合法权益才能够得到切实保护，我国资本市场才能健康稳定发展。

第七章

挖掘科创板潜伏的牛股

传统企业通过市盈率、资产收益率等指标进行估值，通常可以得到相对准确的估值结果。然而，科技创新企业具有特殊属性，企业连续几年没有盈利的现象也不鲜见，因此其经营业绩存在很高的不确定性。也正因如此，如何对科创板上市企业进行估值，便成为众多投资者最为关注的话题之一。

第一节
传统方法：传统企业估值方法在科技创新领域的局限性

一、传统估值方法的分类及分析

众所周知，传统的估值方法主要分为相对估值法和绝对估值法两种类型。相对估值法是一种乘数方法，是指将企业与市场上的同行、同类企业进行比较，并且通过计算价值比率进行估值的方法。相对估值法由于数据与参数相对来说比较明了，因此简便易懂、计算方便。采取相对估值法对企业进行估值时，必须满足市场交易制度完善且活跃、相关资料完备以及参照企业之间有充分的相似性和可比性等前提条件，否则难以获得相对准确的估值结果。相对估值法的种类较多，包括市盈率（P/E）、市净率（P/B）和企业价值倍数（EV/EBITDA）等。

绝对估值法是一种折现的方法，是指将企业资产在未来能够产生的收益折算为相同价值的现值，最为常见的是现金流折现（DCF）法。相对估值法与绝对估值法的原理存在差异，因此在特点与适用性等方面两者也有所不同（见表 7-1）。

表 7-1 相对估值法、绝对估值法的区别

分类	名称	具体内容
相对估值法	P/E	P/E 即市盈率，是最常用来评估企业价值的指标之一。使用 P/E 估值法应该从两个相对角度出发：一是由企业的动态市盈率以及静态市盈率获得的自身相对变化值；二是将企业市盈率与全行业的平均市盈率进行比较。 如果一家企业的市盈率比往年的年度市盈率、同年的行业平均市盈率要高，代表市场认为该企业的经营情况继续向好；反之则相反。因此，使用 P/E 估值法需要进行相对比较，而非单凭市盈率高低来判断企业真正的价值
	P/B	P/B 即市净率，这一估值方法的主要参考物是企业的资产价值，并以此来估计企业股票的价值。该方法尤其适用于评估资产负债多、主要由货币资产构成的企业股票的价值。使用 P/B 估值法时，首先，计算出企业的每股净资产；其次，用每股市价除以每股净资产即得
	PEG	PEG 即市盈率相对盈利增长比率，它基于 P/E 估值法而得到，能够有效解决 P/E 在估测企业动态成长性方面存在的问题。PEG 估值法着重分析企业的合理估值。计算后，如果 PEG 大于 1，则表示企业的股票价值可能不如预期高；相反，如果 PEG 小于 1，则意味着该股票价值可能被低估。 一般情况下，成长型企业股票的 PEG 通常都会大于 1，这说明投资者认为该企业的业绩极有可能在后期发展中增加，因此愿意给予该企业更高的估值。 需要注意的是，PEG 预测的是企业未来 3 年以上的业绩增长情况，因此评估难度较大
	EV/EBITDA	EV/EBITDA 即企业价值倍数，该估值法通常需要与行业平均水平、历史水平做比较，若其倍数相对较高，则说明企业的价值可能被高估，反之则价值可能被低估。 需要注意的是，EV/EBITDA 估值法评估的不是企业的资产价值，而是企业的业务价值
绝对估值法	DCF	DCF 即现金流折现，可以说是目前最为主流的估值方法之一，其分析框架严谨，能够系统地分析影响企业价值的多种因素，进而评估企业价值。DCF 估值法通过预测企业未来的自由现金流，从而确定企业价值，适用于股利分配不稳定、现金流增长较为稳定的企业
	DDM	DDM 即股利贴现，需要预测企业的股利支付率，并且估计股利的增长率，该方法解释力较强，受到我国投资者的欢迎。但是，这一方法在企业有能力分配股利的前提下才能使用，如果企业处于亏损状态，没有能力发放股利，便无法使用该方法

二、相对估值法在科技创新领域的局限性

相对估值法主要通过将企业的市盈率、市净率等指标与同行、同类等可比性高的企业进行对比，以此来判断企业的估值是否合理。相对估值法操作简单，能够快速计算出企业的价值，但同时存在一定的局限性。

一方面，相对估值法存在一定程度的主观性。相对估值法需要相似性和可比性高的企业作为参考对象来与被评估企业进行对比，然而对参考对象的选择却是带有一定主观性的。即便该行业的市场再庞大，也不会出现两家完全一致的企业，更何况还是在业务匹配度很低的科技创新领域。因此，如果在科技创新领域采用相对估值法对企业进行评估，参考对象的选择标准从客观上来说可能是有失偏颇的，最后评估出来的结果当然也就不准确。

另一方面，如果某一行业的整体价值都被高估或低估，采取相对估值法进行评估时，所获得的结果也往往是被高估或低估。需要了解的是，科技创新企业具有高收入、高风险的特点，其在投入、发展等各个方面都存在很大的不确定性，进而导致科技创新企业的每股盈利结果不确定，有时甚至处于负数状态，市盈率也有可能会很大或者出现负数，这便失去了比较意义。在这种情况下，相对估值法中的市盈率指标便处于失效状态。

三、绝对估值法在科技创新领域的局限性

理论上来说，现金流折现法对任何领域的企业进行估值都是适

用的。该方法能以现金流作为计算对象，将企业长期发展因素考虑进去，也不容易受到主观因素影响，结果更加理性。现金流折现方法系统考虑了影响企业价值的每一个因素，整体来说，其分析框架完整，思路严谨。

但是，现金流折现方法也同样存在一定的局限性，比如需要计算的数据量大，计算过程复杂等。除此之外，对于该方法而言，企业在未来的长期现金流是关键因素，但是这一因素又需要由企业未来的业务状况决定。一般来讲，采用这一方法预测的时期越长，估值结果的准确率便越低。众所周知，科技创新领域的企业在未来发展中存在极大的不确定性，这给采用现金流折现方法进行估值带来了难题。不仅如此，现金流折现方法在科技创新领域运用时，会因企业处于不同的发展阶段而出现不同的问题。

首先，在研发阶段，科技创新领域企业虽然投入大量资源，但最终却不一定能成功。研发、实验费用等都需要根据阶段性结果的成败，决定是否追加。即便产品研发成功，还要考虑市场前景等因素，进而决定什么时候追加，而产品推广费用也需要考虑市场的竞争程度等因素，才能确定追加到什么程度。但是，这些因素在科技创新领域存在很大的不确定性，进而给预测未来成本造成很大的困扰。

其次，在发展阶段，科技创新领域的产品所经历的生产周期长短不同，故应当考虑的风险因素也会发生变化。如果现金流折现方法采取的是单一风险折现率，将不足以反映科技创新领域发展阶段的风险结构的特点，进而影响最终的评估结果。

最后，在产出阶段，科技创新领域所存在的不确定性导致难以预测业内企业未来的收益。比如，产品生命周期能够预测企业产生收益的时间，但是产品的生命周期却难以事先确定。

总而言之，科技创新企业的特点决定了其未来的发展具有很大的不确定性，进而导致对其估值难度很大，如果强行套用传统的估值方法，最后所获结果的参考价值并不大。

第二节
新方法：影响科创板企业估值的外部和内部因素

科技创新企业具有科技含量高、研发投入大等特点，原则上需要采取 2~3 种估值方法对其进行合理估值，而收益法对于科技创新企业来说，几乎都是适用的，包括尚未产生盈利的医药领域企业、互联网企业等。在估值的过程中，需要对企业的外部和内部因素进行分析，以此来获得更为准确的评估结果。

一、影响科创板企业估值的外部因素分析

科技创新企业的价值长期受其所处宏观环境的影响，其中，行业竞争结构在一定程度上能够反映企业的发展前景，同时也是企业经营中的宏观因素影响力的体现。因此，行业竞争结构可以说是影响科创板企业价值的最直接的外部因素。

与此同时，在对科技创新企业进行估值时，还要重点关注企业所处行业的周期性特征。本书认为，能够影响科技创新企业价值评估的外部因素有很多，概括起来主要有以下 4 个：

1. 相关政策与法律

能够在科创板上市的企业，必然具备技术含量高的特点，这与我国科技强国的战略相契合。根据上交所的规定，科创板拟上市企业基本上都属于战略性新兴产业，通常都是国家所支持的行业。对于出口企业而言，需要关注出口目的地对进口产品的相关规定，包括贸易政策、相关法律法规等。

2. 行业的成长性

了解企业所处行业的成长性，可以从定量与定性的角度，对行业的上下游、相近的行业等各方面进行分析。需要注意的是，在对行业的成长性进行分析时，所引用的数据与观点应准确客观。

3. 行业的竞争性

分析行业竞争性时，主要涉及两方面内容：第一是企业目前所处行业的竞争结构；第二是企业目前在行业中的相对位置。

4. 行业的周期性

许多人都会忽视对行业周期性的分析，然而行业的生命周期与企业价值存在一定的关联性。企业处于生命周期的阶段不同，意味着其所面临的风险大小不同，获利能力也会发生改变，企业的价值也会随之而产生变化。

二、影响科创板企业估值的内部因素分析

对于科技创新企业而言，能够影响其价值创造以及价值增长的

内部因素有许多，可概括为以下 3 个：

1. 战略分析能力

战略分析能力是指企业具有分析全局性、长远性等因素的能力。企业的战略分析水平将会在一定程度上影响企业能否获得核心竞争优势，并最终影响企业的估值结果。

2. 财务价值驱动因素

在企业财务价值驱动因素中，关键指标是资本回报率，该指标可以通过分析企业原有和新增项目的投入加以评估。

3. 智力资本驱动因素

智力资本包括人力资本与结构资本，人力资本指劳动者自身拥有的资本，包括受教育程度、健康状况等；结构资本指企业的组织类无形资产，可分为客户资本与组织资本，组织资本又包含了流程资本以及创新资本。

科创板采取的市场化询价的定价模式，能够让真正优质的科技创新企业在市值上更能反映企业的真实情况。

第三节
新要求：科创板亏损企业如何估值

上交所对科创板企业上市制定了 5 套标准，其中大部分没有盈利方面的要求，这与《中华人民共和国证券法》第十三条规定的企业发行新股需要满足“具有持续盈利能力，财务状况良好”的要求有明显差异。

根据科创板的上市标准，没有营业收入但发展前景好的企业也可以上市。在这种情况下，如何对企业估值便显得异常重要。因此，在对科创板亏损企业进行估值时，应该按照亏损的原因具体分析，区别对待。有鉴于此，本书对企业亏损原因进行了分析，大体有以下两种类型。

第一类，外部因素影响。外部影响因素又可分为宏观因素和微观因素。宏观因素包括国家政策调整、国际事件冲击（金融危机等）、宏观经济运行的周期性波动等；微观因素包括涉及公司的突发性诉讼事件、竞争对手突然挑起的价格战、银行贷款出现问题等。

第二类，内部因素影响。内部影响因素可分为财务状况、管理水平、科技创新能力等。

由于涉及因素较多，亏损企业的估值方式也较为多样——采用财务指标，如扣非指标、P/B 指标、EBITDA 指标等；采用非财务指标，如付费转化率、平台流水、会员数等。

第四节
总结：不同发展阶段企业的相应估值方法的侧重点

在对企业估值时，企业生命周期是考察要素之一。企业生命周期是指企业从创立到消亡的过程，可分为 4 个发展阶段：初创期（婴儿期）、成长期（青春期和青年期）、成熟期（中年期）、衰退期（老年期）。企业所处的周期不同，对企业估值造成的影响不同，需要考虑问题的角度也不一样。

一、初创期（婴儿期）

对初创期的企业进行估值时，不应仅着眼于企业当前的利润。要知道，对于一个没有经营历史和可供参考的财务数据的企业而言，当前的利润率是无法作为综合衡量企业价值的唯一指标的，而企业的发展潜力、团队价值才是估值时最需要关注的因素。在众多的评估方法中，可比估值法、重置成本法都不适合用来评估初创期的企业，可适当考虑期权定价法或者是风险资产法。

另外，科技创新企业的发展具有很强的不确定性，该类型企业所面临的风险也比较高。与此同时，企业所在市场的规模大小、产品的销售能力等因素同样影响企业的收入和利润。因此，在对这一阶段的科创板上市企业进行估值时，应当关注潜在市场规模、利润率、核心团队构成等因素。

二、成长期（青春期和青年期）

成长期的企业虽然有经营历史，并且能够体现企业实力的利润率可以作为参考因素；但是因经营而产生的可供参考的财务数据的数量仍无法满足要求，企业发展所面临的不确定性仍然较大。企业在发展过程中，将会面临越来越大的风险与越来越激烈的竞争，而且许多因素处于动态变化状态，因此可采用能够反映企业内在价值的现金流折现法来进行估值。

对处于成长期的科技创新企业而言，随着规模的扩大，企业竞争力成为影响其收入和利润的重要因素，因此需要重点关注收入增长幅度和目标利润率等指标。

三、成熟期（中年期）

企业发展到成熟期，已经处于“如日中天”的状态，有足够多的财务数据可以参考，企业的发展规模、利润增长率等因素都处于相对稳定的状态，所以对其估值时，相对容易一些。这个时期的企业为了获得更大的生产规模，往往会考虑通过并购、重组等手段来达到目的，因此采用重置成本法更有助于对企业价值进行评估。

处于成熟期的企业，随着其规模的不断扩张，收入与利润增长速度将会减缓。同时，企业投融资政策的变化，也将会严重影响企业的收入与利润。因此，对处于这一阶段的科技创新企业进行估值时，需要了解企业的资本回报率与再投资率等指标。需要注意的是，当发展到一定程度时，企业的规模将不再扩大，因此企业当期的成本、利润率等指标同样值得关注。

四、衰退期（老年期）

处于衰退期的企业，其价值几乎都体现在现有资产上，由于接下来的发展方向并不明朗，所以未来资产带来的价值微乎其微，甚至在一般情况下，也很少会有投资者愿意投资处于这一阶段的企业。处于衰退期的企业，面临资产剥离和清算的风险较高，所以其清算价值值得关注。

在衰退期，随着经营能力的下降，企业的收入与利润都会明显萎缩，并且面临着清偿债务与倒闭的风险。此时，影响企业收入与利润的最主要因素是其投融资政策。因此，对处于这一阶段的科技创新企业进行估值时，应重点关注其重置价值、资产剥离以及债务清偿的状况等方面。

总而言之，处于生命周期不同阶段的企业，需要用不同的标准进行评估，要综合考虑企业所处的阶段以及正在面临或即将遇到的问题，从长远角度评估企业的价值。

第五节
不同领域科技创新企业的估值实战案例

《实施意见》中强调科创板将“重点支持新一代信息技术、高端装备、新材料、新能源、节能环保以及生物医药等高新技术产业和战略性新兴产业”。企业所处领域不同，其估值方式也会有所差别。本节将基于国内券商等机构的研究报告，以备受投资者关注的新一代信息技术、高端装备、生物医药三大领域为例，讲述不同领域科技创新企业的估值方式。

一、新一代信息技术产业：看国际对标公司

新一代信息技术产业自然是科创板的首要选择对象，其中高性能集成电路、云计算、物联网等领域都需要通过创新的估值方式来实现价值的重估。尤其是高性能集成电路领域，在科创板中比较

"吃香"。在上交所公布的首批受理的9家企业中，我们可以看到1/3的企业属于该领域。

从估值角度看，成熟的资本市场对集成电路领域的企业进行估值时，通常采取重置成本法、市场法以及市销率（P/S）估值法。但是，我国集成电路行业的发展历史不长，尚处于起步阶段，许多企业还处于产品研发与投资阶段，因此对标成熟市场对集成电路市场的估值方法显然不太合适。由于集成电路领域内的企业有不同的类型，故适用的估值方式也各有不同（见表7-2）。

表7-2　集成电路领域内不同类型企业适用的估值方法

类别	适用方法
晶圆制造类的重资产企业	企业尚且处于量产爬坡期，产能利用率不足，折旧摊销成本还很高，因此采取P/B或者EV/EBIDTA的方法对其进行估值是最为合适的
轻资产的芯片设计类企业	企业尚且处于早期研发时段，通常情况下没有稳定的利益来源，因此在对其估值时，需要将企业所处行业的竞争结果、产品的发展前景等因素纳入考虑范围。基于此，这一类企业采取EV/Sale（市售率）或者EV/EBIDTA法比较合适
上游半导体设备/材料类企业	下游晶圆线建设为这一类企业带来了非常广阔的市场空间，因此在未来发展过程中极有可能出现销售收入快速增长的现象；但是其利润却有可能由于研发摊销等原因，在短期内无法释放。因此，采取P/S法对其进行估值是比较合适的

资料来源：由天风证券研究报告整理而得。

由于与传统行业在商业模型上存在较大差别，在发展初期，云计算行业的利润率不高甚至处于亏损状态，但是成长性却非常好。像亚马逊等企业的市值之所以能够快速提升，有很大一部分原因要归功于云计算业务。

对云计算企业进行估值时，境外成熟资本市场通常采用的是P/S估值法，该思路值得科创板投资者借鉴。此外，对云计算企业进行估值时，投资者还需要充分考虑市场规模、商业模式、成长性与竞争力等因素，以便得出更合理的估值。如图 7-1 所示，对科创板云计算企业进行估值时，可参照以下 3 个步骤来进行。

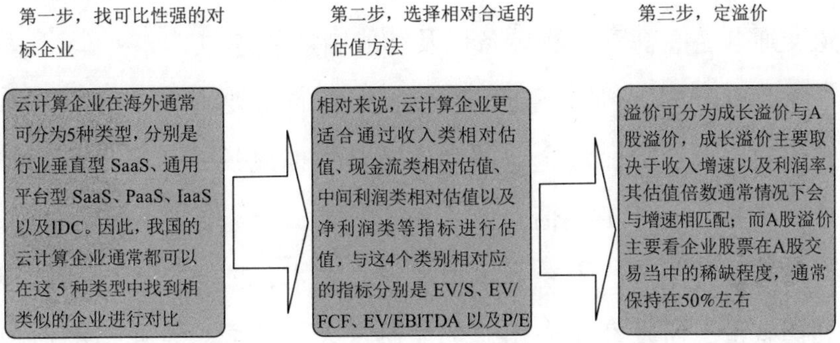

注：SaaS，软件即服务；PaaS，平台即服务；IaaS，基础设施即服务；IDC，互联网数据中心；EV/FCF，企业价值与自由现金流之比。

图 7-1　对科创板云计算企业进行估值的 3 个步骤

资料来源：由中金公司研究报告整理而得。

境外成熟资本市场对互联网领域早已经建立了成熟的估值体系，因此对科创板上市的互联网企业进行估值时，可以借鉴境外成熟资本市场的经验。

如果被估值的互联网企业处于净亏损状态，那么采用 P/E 或 EV/EBITDA 方法都不合适，而 P/S 方法或许更值得考虑。

如果被估值的互联网企业已经实现盈利，那么要深入了解企业的业务属性。以美国的收费视频网站奈飞（Net Flix）为例，其商业模式主要是收取订阅用户的会员费，因此订阅用户数量、会员费额度等都是影响其收入的重要因素，因此 P/S、EV/EBITDA 等方法同样适用。

二、高端装备产业：看核心竞争力

高端装备产业主要分为五大子行业，分别是航空、卫星及应用、轨道交通装备、海洋工程装备以及智能制造装备。

A 股市场对高端装备产业进行估值的主要方法有 P/E、PEG 等，但这些方法只注重企业的利润及其短期成长性，导致高端装备产业在 A 股市场中的估值较低。

高端装备产业的主要竞争力是核心技术，核心技术具体体现在专利拥有量、研发经费支出总额、研发人员总数、企业与科研单位的技术转移情况等。对高端装备产业的核心技术进行定性分析时，需结合行业上下游企业的经营情况，判断行业的市场成长空间，再结合行业在市场中的地位综合评估。

目前，国内研究机构认为，高端装备产业的主要估值方法有 P/E法、研发人员投入与产出法、资产基础法以及 P/S 法。

以智能制造装备细分领域为例，该细分领域可分为 3 种类型：应用类企业、研发类企业、系统集成类企业。上述类型对应的估值方法也分为 3 种情况：

第一，应用类企业。可采用 P/E 法对该类企业进行估值。

第二，研发类企业。对该类企业进行估值时，可以采取 P/S 方法。

第三，系统集成类企业。研发人员的投入与人均产出是需要重点关注的因素，同时也是估值定价的具体依据。

三、生物医药产业：看在研产品线

上交所发布的科创板上市标准，对医药行业企业进行了明确规定：

> 预计市值不低于人民币 40 亿元，主要业务或产品需经国家有关部门批准，市场空间大，目前已取得阶段性成果。医药行业企业需至少有一项核心产品获准开展二期临床试验，……

当然，在这一规定中并没有对医药行业企业的净利润等财务指标进行限制。

在对传统的生物医药企业进行估值时，由于这一类企业的产品以非创新药为主，研发难度相对较低，并且能够大规模进入商业化阶段，进而形成稳定的收益，因此采取 P/E 或者 PEG 方法来进行估值足矣。

对于创新药研发企业而言，创新药研发周期较长，研发投入额较大，研发成功率较低。基于这一背景，如果使用传统的估值方法对短期内无法盈利的创新药研发企业进行估值，其合理性将受到质疑。

一般来说，美国资本市场对生物制药类企业进行估值时，普遍采取预期收益分析法、市场分析法、成本分析法以及实物期权模型的估值方式。其中，预期收益分析法是对新药研发企业进行估值时最为常用的方法，这主要是因其有坚实的理论基础，能够基于收入对项目进行估值。在对我国科创板创新药类企业进行估值时，预期收益分析法有较高的参考价值。

预期收益分析法主要是通过预测新药研发项目所形成的最终产品在未来可能产生的现金流情况，将其折算为现值来衡量项目的价值，包括决策树模型法、风险修正的净现值法（rNPV）、DCF 法等。其中，DCF 法是其他分析方法的基础。

根据企业生命周期的规律，新药研发项目可分为研发阶段以及商业阶段，由于最终收益通常在商业阶段才会呈现出来，因此成熟资本市场对新药研发项目进行估值时，往往是从商业阶段开始的。对创新药项目进行估值，可分为以下 4 步：

第一，梳理企业的研发管线，汇总其全部正在研发的知识产权。

第二，患者流分析，对患者人数进行确认。

第三，计算产品进入市场后的净现值，可采用 DCF 法估计产品的价值。

第四，给净现值打折扣。

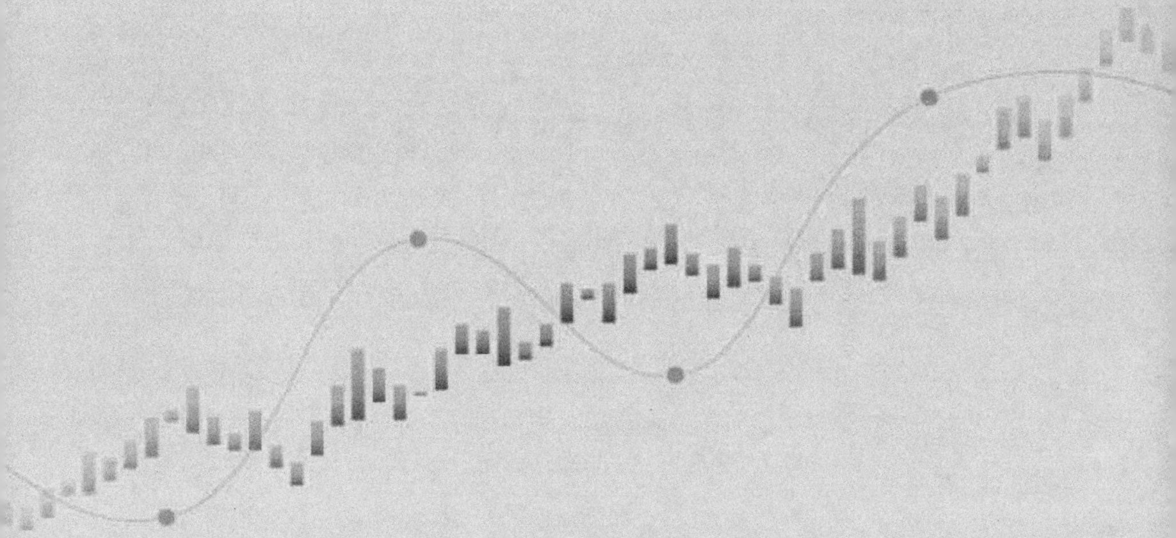

第八章

重视企业信用与信息披露的科创板

科创板带着对资本市场锐意改革的信念，从提出开始便引起市场的广泛热议及期待。在制度方面，除了上市门槛、审核要求等被广受关注外，还有一个核心命题需要注意，即持续监管问题。对这一问题，科创板颁布了相关制度，并且会根据发展而不断进行调整。

第一节
信息披露：科创板强化企业信息披露制度的 4 个维度

与 A 股主板采取的审核制上市规则不同，科创板采取的是注册制，这就意味着监管层将会把工作重心转移到信息披露上，以此来保证投资者的知情权。根据《上海证券交易所科创板股票上市规则》以及《上海证券交易所科创板股票发行上市审核规则》发布的内容，科创板强化企业信息披露制度主要通过以下 4 个维度体现。

一、信息披露的基本规范

科创板企业信息披露内容必须遵循真实、准确、完整、及时以及公平原则。另外，在规章制度中，还要求企业分行业披露、分阶段披露、自愿披露、浅白语言披露等，并且予以明确规定，见表 8-1。

表 8-1　科创板企业信息披露要求

序号	披露要求	具体应披露内容
1	分行业披露	上市公司应当披露能够充分反映公司业务、技术、财务、公司治理、竞争优势、行业趋势、产业政策等方面的重大信息，充分揭示上市公司的风险因素和投资价值，以便投资者合理决策
2	分阶段披露	上市公司筹划重大事项，持续时间较长的，应当按照重大性原则，分阶段披露进展情况，及时提示相关风险，不得仅以相关事项结果尚不确定为由不予披露

续表

序号	披露要求	具体应披露内容
3	自愿披露	上市公司和相关信息披露义务人认为相关信息可能影响公司股票交易价格或者有助于投资者决策，但不属于本规则要求披露的信息，可以自愿披露； 上市公司和相关信息披露义务人自愿披露信息，应当审慎、客观，不得利用该等信息不当影响公司股票交易价格、从事内幕交易或者其他违法违规行为； 上市公司和相关信息披露义务人按照本规则披露信息的，在发生类似事件时，应当按照同一标准予以披露，避免选择性信息披露
4	浅白语言披露	上市公司的公告文稿应当重点突出、逻辑清晰、语言浅白、简明易懂，避免使用大量专业术语、过于晦涩的表达方式和外文及其缩写，避免模糊、模板化和冗余重复的信息，不得含有祝贺、宣传、广告、恭维、诋毁等性质的词语； 公告文稿应当采用中文文本，同时采用外文文本的，应当保证两种文本内容的一致。两种文本不一致的，以中文文本为准

企业需要结合自己所属行业的特点，将行业发展状况与技术趋势、经营模式及核心竞争力、研发团队和研发投入等重要信息定期披露，如果发生紧急情况还可以通过临时公告进行披露。另外，在规则当中还特别强调了企业进入新行业或主营业务发生变更时的专项披露要求。

二、信息披露的形式

根据相关规章制度，企业需要在规定的期限内按照要求编制并披露定期报告，它包括年度报告、半年度报告以及季度报告。另外，报告内容必须包含业绩预告及业绩快报。对于业绩预告，上市规则要求在出现下列情形之一，即净利润为负值、净利润与上年同期相比上升或者下降50%以上、实现扭亏为盈时，企业应当在会计年度结束之日起1个月内进行业绩预告。

另外，针对业绩快报，上述规则要求上市公司“预计不能在会计年度结束之日起 2 个月内披露年度报告的，应当在该会计年度结束之日起 2 个月内按照要求披露业绩快报”。值得一提的是，重大交易和关联交易等事项，都需要上市公司披露临时报告。

三、信息披露违规的法律后果

根据《上海证券交易所科创板股票上市规则》以及其他相关规定，上交所可以视情节轻重对受到监管的企业以及其他相关主体采取监管措施（共 15 条），具体内容见本书第四章第二节“审核理念：科创板审核理念的 4 个维度”。

另外，《上海证券交易所科创板股票发行上市审核规则》要求：

第二十八条　发行人作为信息披露第一责任人，应当诚实守信，依法充分披露投资者作出价值判断和投资决策所必需的信息，保证发行上市申请文件和信息披露的真实、准确、完整，不得有虚假记载、误导性陈述或者重大遗漏。

发行人应当为保荐人、证券服务机构及时提供真实、准确、完整的业务运营、财务会计及其他资料，全面配合相关机构开展尽职调查和其他相关工作。

第二十九条　发行人的控股股东、实际控制人、董事、监事、高级管理人员等相关主体应当诚实守信，保证发行上市申请文件和信息披露的真实、准确、完整，依法作出并履行相关承诺，不得损害投资者合法权益。

前款规定的相关主体应当全面配合相关机构开展尽职

调查和其他相关工作。发行人的控股股东、实际控制人不得指使或者协助发行人进行虚假记载、误导性陈述或者重大遗漏等违法违规行为。

而与其相关的主体，即保荐人和证券服务机构，同时要兼顾披露信息的义务。

第三十条　保荐人应当诚实守信、勤勉尽责，保证招股说明书及其出具发行保荐书、上市保荐书等文件的真实、准确、完整。

保荐人应当严格遵守依法制定的业务规则和行业自律规范的要求，严格执行内部控制制度，对发行上市申请文件进行全面核查验证，对发行人是否符合科创板定位、发行条件、上市条件和信息披露要求作出专业判断，审慎作出推荐决定。

第三十一条　会计师事务所、律师事务所等证券服务机构应当诚实守信、勤勉尽责，保证招股说明书中与其专业职责有关的内容及其出具文件的真实、准确、完整。

证券服务机构应当严格遵守依法制定的业务规则和行业自律规范，严格执行内部控制制度，对与其专业职责有关的业务事项进行核查验证，履行特别注意义务，审慎发表专业意见。

除此之外，上述规则还针对各个主体的违规行为以及应负的法律责任进行了详细规定（见表8-2）。

表 8-2　各个主体的违规行为以及应负的法律责任

<table>
<tr><th>序号</th><th>主体</th><th>违规行为</th><th>法律责任</th></tr>
<tr><td>1</td><td>发行人</td><td>未能履行信息披露义务，或者信息披露不符合真实、准确、完整、及时、公平要求，或者存在违反上市规则、向上交所做出承诺的其他情形</td><td>（1）通报批评；
（2）公开谴责；
（3）收取惩罚性违约金</td></tr>
<tr><td>2</td><td>控制股东/实际控制人</td><td>（1）拒不履行或者拒不配合上市公司履行信息披露义务；
（2）违反法律法规、上市规则及上交所其他规定、公司章程，直接或间接干预公司决策和经营活动；
（3）利用控股、控制地位，侵害上市公司财产权利，谋取上市公司商业机会，损害上市公司和中小股东合法利益；
（4）违反向上市公司或者其他股东做出的承诺；
（5）违反上市规则规定或者向上交所做出承诺的其他情形</td><td rowspan="2">（1）通报批评；
（2）公开谴责；
（3）公开认定其 3 年以上不适合担任上市公司董事、监事、高级管理人员、董事会秘书；
（4）收取惩罚性违约金</td></tr>
<tr><td>3</td><td>董事、监事和高级管理人员</td><td>未能履行忠实、勤勉义务，或者存在违反上市规则、向上交所做出承诺的其他情形的</td></tr>
<tr><td>4</td><td>保荐人</td><td>（1）信息披露文件存在虚假记载、误导性陈述或者重大遗漏；
（2）控股股东、实际控制人或其他关联方违规占用上市公司资金；
（3）董事、监事、高级管理人员因侵占上市公司利益受到行政处罚或者被追究刑事责任；
（4）违规提供担保；
（5）违反规范运作和信息披露相关规定的其他情形</td><td rowspan="2">（1）口头警示、书面警示、监管谈话、要求限期改正等相应监管措施或者实施通报批评、公开谴责等纪律处分；
（2）制作或者出具的文件存在虚假记载、误导性陈述或者重大遗漏的，上交所可以采取 3 个月至 3 年内不接受保荐单位、证券服务机构提交的申请文件或信息披露文件，1 年至 3 年内不接受保荐代表人及其他相关人员、证券服务机构相关人员签字的申请文件或者信息披露文件的纪律处分</td></tr>
<tr><td>5</td><td>证券服务机构（包括会计师事务所、律师事务所等）</td><td>未按上市规则履行职责，或者履行职责过程中未能诚实守信、勤勉尽责的</td></tr>
</table>

续表

序号	主体	违规行为	法律责任
6	破产管理人	违反上市规则规定	(1) 通报批评; (2) 公开谴责; (3) 建议法院更换破产管理人或破产管理人成员

四、重大交易与关联交易的披露及决策程序

针对科创板企业可能存在的轻资产特点，上交所在科创板上市规则中，在企业重大交易、关联交易等需要披露的内容中，增加了市值指标的要求。在重大交易信息披露要求上，主板与科创板存在相同之处，同时也存在差别，具体内容见表8-3。

表8-3　主板与科创板在重大交易信息披露要求方面的比较

序号	项目	主板	科创板
1	交易涉及的资产总额	交易涉及的资产总额（同时存在账面值和评估值的，以高者为准）占上市公司最近一期经审计总资产的10%以上	交易涉及的资产总额（同时存在账面值和评估值的，以高者为准）占上市公司最近一期经审计总资产的10%以上
2	交易的成交金额	交易的成交金额（包括承担的债务和费用）占上市公司最近一期经审计净资产的10%以上，且绝对金额超过1000万元	交易的成交金额占上市公司市值的10%以上
3	交易标的（如股权）的最近一个会计年度资产净额		交易标的（如股权）的最近一个会计年度资产净额占上市公司市值的10%以上

续表

序号	项目	主板	科创板
4	交易标的（如股权）在最近一个会计年度相关的营业收入	交易标的（如股权）在最近一个会计年度相关的营业收入占上市公司最近一个会计年度经审计营业收入的10%以上，且绝对金额超过1000万元	交易标的（如股权）最近一个会计年度相关的营业收入占上市公司最近一个会计年度经审计营业收入的10%以上，且超过1000万元
5	交易产生的利润	交易产生的利润占上市公司最近一个会计年度经审计净利润的10%以上，且绝对金额超过100万元	交易产生的利润占上市公司最近一个会计年度经审计净利润的10%以上，且超过100万元
6	交易标的（如股权）在最近一个会计年度相关的净利润	交易标的（如股权）在最近一个会计年度相关的净利润占上市公司最近一个会计年度经审计净利润的10%以上，且绝对金额超过100万元	交易标的（如股权）最近一个会计年度相关的净利润占上市公司最近一个会计年度经审计净利润的10%以上，且超过100万元

而在关联交易的监管方面，科创板明显比主板更为严格，比如在关联人的认定范围要求方面。与此同时，在对关联交易的披露及审议指标方面，与主板相比，科创板也进行了调整（见表8-4）。

表8-4　主板与科创板在关联交易信息披露要求方面的比较

序号	项目	主板	科创板
1	与关联自然人发生的成交金额	与关联自然人发生的交易金额在30万元以上的关联交易（上市公司提供担保的除外）	与关联自然人发生的成交金额在30万元以上的交易
2	交易金额或成交金额所占的比重	与关联法人发生的交易金额在300万元以上，且占公司最近一期经审计净资产的绝对值比重在0.5%以上的关联交易（上市公司提供担保的除外）	与关联法人发生的成交金额占上市公司最近一期经审计总资产或市值比重在0.1%以上的交易，且超过300万元
3	提交股东大会审议标准	与关联人发生的交易（上市公司提供担保、受赠现金资产、单纯减免上市公司义务的债务等情形除外）金额在3000万元以上，且占上市公司最近一期经审计净资产的绝对值比重在5%以上的关联交易	与关联人发生的交易金额（提供担保的除外）占上市公司最近一期经审计总资产或市值比重在1%以上的交易，且超过3000万元

信息披露的主体包括了与发行人相关的各方面，其内容需要符合充分性、一致性以及可理解性的要求。完善的信息披露制度能够有效保证投资者的知情权，有助于投资者合理决策。

第二节
豁免原则：科创板企业可进行披露豁免的 2 种情况

根据《上海证券交易所科创板股票上市规则》的规定，对企业股票交易价格以及投资者的投资决策产生较大影响的所有信息，企业及其相关信息披露义务人都应该进行披露。但是，对于以下 2 种情况，企业可进行披露豁免：

> 5.2.7　上市公司和相关信息披露义务人拟披露的信息属于商业秘密、商业敏感信息，按照本规则披露或者履行相关义务可能引致不当竞争、损害公司及投资者利益或者误导投资者的，可以按照本所相关规定暂缓或者豁免披露该信息。
>
> 拟披露的信息被依法认定为国家秘密，按本规则披露或者履行相关义务可能导致其违反境内法律法规或危害国家安全的，可以按照本所相关规定豁免披露。
>
> …………

也就是说，企业有充分依据能够证明其拥有的某些信息是涉及商业秘密或国家秘密的，那么在提交发行上市申请文件，或者是进行问询回复时，将关于信息豁免披露的申请文件一并提交。在提交的文件中，企业应对需要豁免披露的信息进行逐项说明，同时还要表明这些信息是否符合相关规定的要求等。另外，这些豁免披露的信息会不会严重影响投资者的决策，也需要企业斟酌后进行说明。

2019 年 3 月 3 日，上交所发布了《上海证券交易所科创板股票发行上市审核问答》，对科创板企业可进行披露豁免的国家秘密、商业秘密进行了规范，内容如下：

（二）涉及国家秘密的要求

发行人从事军工等涉及国家秘密业务的，应当符合以下要求：

1. 提供国家主管部门关于发行人申请豁免披露的信息为涉密信息的认定文件；

2. 提供发行人全体董事、监事、高级管理人员出具的关于首次公开发行股票并上市的申请文件不存在泄密事项且能够持续履行保密义务的声明；

3. 提供发行人控股股东、实际控制人对其已履行和能够持续履行相关保密义务出具承诺文件；

4. 在豁免申请中说明相关信息披露文件是否符合《军工企业对外融资特殊财务信息披露管理暂行办法》及有关保密规定；

5. 说明内部保密制度的制定和执行情况，是否符合《保密法》等法律法规的规定，是否存在因违反保密规定受到处罚的情形；

6. 说明中介机构是否根据国防科工局《军工涉密业务咨询服务安全保密监督管理办法》取得军工企业服务资质；

7. 对审核中提出的信息豁免披露或调整意见，发行人应相应回复、补充相关文件的内容，有实质性增减的，应当说明调整后的内容是否符合相关规定、是否存在泄密风险。

（三）涉及商业秘密的要求

发行人因涉及商业秘密提出豁免申请的，应当符合以下要求：

1. 发行人应当建立相应的内部管理制度，并明确相关内部审核程序，审慎认定信息豁免披露事项；

2. 发行人的董事长应当在豁免申请文件中签字确认；

3. 豁免披露的信息应当尚未泄漏。

除此之外，监管层还要求中介机构对豁免披露的信息进行核查。在不影响投资者决策的前提下，企业的信息豁免披露行为应符合相关规定，保荐机构及发行人律师需要出具专项核查报告。

需要注意的是，虽然企业以及相关信息披露义务人都需要对豁免披露的信息进行严格审查，但是不能随意扩大范围。

第三节

减持监督：科创板 5 步走，预防恶意减持套现行为

考虑到科技创新企业的特征以及科创板的定位，2019 年 4 月第一次修订的《上海证券交易所科创板股票上市规则》对股份减持制度进行了适当调整。

一、减持后稳定控制权的要求

《上海证券交易所科创板股票上市规则》规定：

> 2.4.6　上市公司控股股东、实际控制人在限售期满后减持首发前股份的，应当明确并披露公司的控制权安排，保证上市公司持续稳定经营。

这一规定是为了防止在减持后，企业由于缺少控股股东以及实际控制人而出现经营不稳定的状况。

这一规定实质上也反映了监管层对实际控制人予以严格监管的态度，而且现实中确实有企业存在实际控制人但是没有控股股东。比如，实际控制人通过化身为多个持股主体的方式持有上市企业的股份，虽然每个持股主体都不是企业的控股股东，但是实际控制人却可以通过多个持股主体控制已经上市的企业。

二、核心技术人员减持首发前股份的规定

《上海证券交易所科创板股票上市规则》明确了作为企业骨干力量之一的核心技术人员在减持首发前的股份时，需要遵循的规定（见表 8-5）。

表 8-5 核心技术人员减持首发前股份的规定

企业盈利情况	规定内容
未盈利	公司上市时未盈利的，在公司实现盈利前，核心技术人员自公司股票上市之日起 3 个完整会计年度内，不得减持首发前股份；在前述期间内离职的，应当继续遵守本款规定
盈利	上市公司核心技术人员减持本公司首发前股份的，应当遵守下列规定： （一）自公司股票上市之日起 12 个月内和离职后 6 个月内不得转让本公司首发前股份； （二）自所持首发前股份限售期满之日起 4 年内，每年转让的首发前股份不得超过上市时所持公司首发前股份总数的 25%，减持比例可以累积使用； （三）法律法规、本规则以及本所业务规则对核心技术人员股份转让的其他规定

三、控股股东、实际控制人和管理决策人员在特殊情形下不得转让股份

《上海证券交易所科创板股票上市规则》规定，企业出现以下两种情况当中的一种，在特定的时期内，控股股东、实际控制人和管理决策人员都不可以转让股份，具体内容如下：

> 2.4.3 公司上市时未盈利的，在公司实现盈利前，控股股东、实际控制人自公司股票上市之日起 3 个完整会计年度内，不得减持首发前股份；自公司股票上市之日起第 4 个会计年度和第 5 个会计年度内，每年减持的首发前股份不得超过公司股份总数的 2%，并应当符合《减持细则》关于减持股份的相关规定。
>
> 公司上市时未盈利的，在公司实现盈利前，董事、监事、高级管理人员……自公司股票上市之日起 3 个完整会计年度内，不得减持首发前股份；

…………

2.4.7　上市公司存在本规则第十二章第二节规定的重大违法情形，触及退市标准的，自相关行政处罚决定或者司法裁判作出之日起至公司股票终止上市前，控股股东、实际控制人、董事、监事、高级管理人员不得减持公司股份。

四、与股份减持有关的信息披露制度

《上海证券交易所科创板股票上市规则》规定，当控股股东、实际控制人和专项资产管理计划减持股份时，需要进行信息披露，具体内容如下：

2.4.8　上市公司控股股东、实际控制人减持股份，依照《减持细则》披露减持计划的，还应当在减持计划中披露上市公司是否存在重大负面事项、重大风险、控股股东或者实际控制人认为应当说明的事项，以及本所要求披露的其他内容。

2.4.9　……

发行人的高级管理人员与核心员工设立的专项资产管理计划，通过集中竞价、大宗交易等方式在二级市场减持参与战略配售获配股份的，应当按照本规则关于上市公司股东减持首发前股份的规定履行相应信息披露义务。

五、股份托管制度确保股份减持合规

《上海证券交易所科创板股票上市规则》规定：

> 2.4.2 公司股东持有的首发前股份，可以在公司上市前托管在为公司提供首次公开发行上市保荐服务的保荐机构，并由保荐机构按照本所业务规则的规定，对股东减持首发前股份的交易委托进行监督管理。

因此，保荐机构需要对公司股东减持首发前股份的各方面因素进行严格审查，一旦发现有违反相关规定的情况，应当立刻拒绝其交易委托。

第四节 重组制度：市场化手段严防“炒壳”、规范商誉

2019年1月30日，上交所相关负责人在回答设立科创板并试点注册制配套业务规则公开征求意见时表示：“科创板并购重组涉及发行股票的，实行注册制，由上交所审核通过后报中国证监会注册，实施程序更为高效便捷。同时，要求科创板公司的并购重组应当围绕主业展开，标的资产应当与上市公司主营业务具有协同效应，严格限制通过并购重组‘炒壳’‘卖壳’。”

科创板新规一出，直接冲击“壳股”的走势，“炒壳”“卖壳”等行为因此而明显受到抑制。前文曾经提到，在注册制下，“壳资

源”变得不再珍贵，甚至失去交易价值。这种情况之下，市场优胜劣汰的目标更容易实现，而投资者在进行投资时，也会更加注重对企业基本面的分析。

设立科创板主要是为了扶持科技创新企业的发展，然而，在如今科学技术快速迭代的情况下，企业仅凭一己之力研发技术，有时是一种不得已而为之的行为。更多有实力的科技创新企业都会通过与具备创新能力的其他企业进行重组，以此来增强企业实力，加快技术创新。综观英特尔、思科、微软等世界知名的科技企业，都收购过技术前景广阔但是处于亏损状态的企业。由此可见，重组企业架构也是企业在科创板实现上市的重要手段之一。

但是，重组企业架构很可能会导致企业出现扣非净利润为负或净资产为负的情况，按照资本市场之前的要求，企业有可能会被退市。为了规避退市风险，企业怎么可能还会去并购那些技术前景广阔但是处于亏损状态的其他企业呢？这明显是与科创板的设立初衷相违背的。

为此，上交所相关负责人表示：“规范‘商誉’会计处理规则，科创板公司实施重大资产重组的，应当按照《企业会计准则》的有关规定确认商誉，足额计提减值损失。”另外，《上海证券交易所科创板股票上市规则》也对重大资产重组事项制定了相关规定。而早在 2018 年 11 月，证监会便发布了《会计监管风险提示第 8 号——商誉减值》，要求“对企业合并所形成的商誉，公司应当至少在每年年度终了进行减值测试”。《上海证券交易所科创板股票上市规则》对重大资产重组的要求如下：

11.1　上市公司应当依照《上市公司重大资产重组管

理办法》（以下简称《重组办法》）及中国证监会其他相关规定、本规则及本所其他规定，实施重大资产重组。

11.2 上市公司重大资产重组、发行股份购买资产（以下统称重大资产重组）的，标的资产应当与上市公司主营业务具有协同效应，有利于促进主营业务整合升级和提高上市公司持续经营能力。

11.3 上市公司实施发行股份购买资产、合并、分立等涉及发行股票的并购重组，由本所审核，并经中国证监会注册后方可实施。

构成《重组办法》第十三条规定交易情形，但不涉及发行股票的，参照适用前款规定。

11.4 上市公司应当确保能够对购买的标的资产实施有效控制，保证标的资产合规运行，督促重大资产重组交易对方履行承诺。

11.5 上市公司实施重大资产重组的，应当按照《企业会计准则》的有关规定确认商誉，并结合宏观环境、行业环境、实际经营状况及未来经营规划等因素，谨慎实施后续计量、列报和披露，及时进行减值测试，足额计提减值损失，并披露能够公允反映商誉价值的相关信息。

11.6 上市公司应当聘请独立财务顾问就重大资产重组出具意见。

独立财务顾问应当就重大资产重组的协同性和上市公司控制标的资产的能力发表明确意见，并在持续督导期间督促上市公司有效控制并整合标的资产。

由此可见，规范科创板企业重组，还需要定期或及时进行商誉减值测试，足额计提减值损失，同时这一做法也对会计师事务所以及监管部门提出了更高的要求。

第五节
退市制度：绝无重新上市机会的严苛退市制度

科创板的退市配套制度被称为“史上最严退市制度”，这主要由于科创板的退市配套制度实现了退市标准的多样化（见表 8-6），取消了暂停上市、恢复上市和重新上市环节，让许多投机行为无所遁形。

表 8-6　科创板的退市配套制度

分类	具体内容
重大违法指标	本规则所称重大违法强制退市，包括下列情形： （一）上市公司存在欺诈发行、重大信息披露违法或者其他严重损害证券市场秩序的重大违法行为，且严重影响上市地位，其股票应当被终止上市的情形； （二）上市公司存在涉及国家安全、公共安全、生态安全、生产安全和公众健康安全等领域的违法行为，情节恶劣，严重损害国家利益、社会公共利益，或者严重影响上市地位，其股票应当被终止上市的情形
交易类强制退市指标	上市公司出现下列情形之一的，本所决定终止其股票上市： （一）通过本所交易系统连续 120 个交易日实现的累计股票成交量低于 200 万股； （二）连续 20 个交易日股票收盘价均低于股票面值； （三）连续 20 个交易日股票市值均低于 3 亿元； （四）连续 20 个交易日股东数量均低于 400 人； （五）本所认定的其他情形

续表

分类	具体内容
财务类强制退市指标	上市公司出现下列情形之一，明显丧失持续经营能力，达到本规则规定标准的，本所将对其股票启动退市程序： （一）主营业务大部分停滞或者规模极低； （二）经营资产大幅减少导致无法维持日常经营； （三）营业收入或者利润主要来源于不具备商业实质的关联交易； （四）营业收入或者利润主要来源于与主营业务无关的贸易业务； （五）其他明显丧失持续经营能力的情形
规范类强制退市指标	上市公司出现下列情形之一的，本所对其股票实施退市风险警示： （一）因财务会计报告存在重大会计差错或者虚假记载，被中国证监会责令改正但公司未在规定期限内改正，此后公司在股票停牌 2 个月内仍未改正； （二）未在法定期限内披露年度报告或者半年度报告，此后公司在股票停牌 2 个月内仍未披露； （三）因信息披露或者规范运作等方面存在重大缺陷，被本所责令改正但公司未在规定期限内改正，此后公司在股票停牌 2 个月内仍未改正； （四）因公司股本总额或股权分布发生变化，导致连续 20 个交易日不再具备上市条件，此后公司在股票停牌 1 个月内仍未解决； （五）最近一个会计年度的财务会计报告被会计师事务所出具无法表示意见或者否定意见的审计报告； （六）公司可能被依法强制解散； （七）法院依法受理公司重整、和解和破产清算申请； （八）本所认定的其他情形

下面，对上述 4 类指标进行解读。

1. 违法指标

无须多讲，任何一个资本市场均不会容忍上市公司存在违法行为。一旦出现扰乱正常证券交易秩序的行为时，企业就会被强制退市。

2. 交易类指标

由于在上市标准中引入了市值的概念，企业上市后如果在正常交易中长时间不能满足科创板最初的市值审核标准，也会受到退市监管的“关照”。上交所这么做的原因，无非是一方面维持市值审核标准，另一方面也是为了维持科创板的“热度”，及时将跟不上市场潮流的“失败者”清理出局，为更优秀的企业腾出上市空间。

3. 财务类指标

与A股其他板块相比，科创板的退市监管财务类指标有两大亮点：

（1）主营业务能力无比重要。当科创板上市企业的主营业务出现大部分停滞、不足以维持日常运营，以及业务收入来源于不具备商业实质的关联交易或其他贸易业务时，相关部门便会对该企业启动退市程序。

（2）针对其他上市板块一直无法根除的企业为规避退市而通过售卖资产以满足监管审查要求的问题，科创板通过引入营业收入及扣除非经常性损益后的净利润双重指标加以限制，即当企业最近一个会计年度经审计营业收入（或被追溯重述后）低于1亿元，以及扣除非经常性损益之前（之后）的净利润（含被追溯重述）为负值时，均会引发科创板的退市预警。

4. 规范类指标

当科创板上市企业出现未如期发布财报或财报疑点被审计报告证实等情况时，便会触发科创板的退市机制。此外，科创板为保证市场各方信息的透明度，十分重视对企业信息披露行为的管理，如果有上市企业在规范之外对信息披露要求“要小聪明”而被发现，同样会面临退市处罚。

科创板的退市机制之所以被认为十分严苛，原因在于它不仅监管指标众多，而且执行起来雷厉风行。在以上诸多的监管指标中，企业只要有一条不符合便会被终止交易并进入复核与听证流程，如果此时企业还无法拿出证据以证清白，那么最长 2 年时间便会被科创板退市，且再无重新上市的可能。

一、空心化公司将被退市，主业长期不振也是风险点

根据《上海证券交易所科创板股票上市规则》的要求，通过财务类强制退市指标可以看出，空心化的企业将会被强制退市，而对主营业务长期不振的企业而言，也存在极大的退市风险。

二、以扣非后净利润作为退市衡量指标

根据目前 A 股主板退市制度的要求，衡量企业是否被强制退市的标准是经审计的净利润。除此之外，对企业实行风险警示的前提要求是“最近两个会计年度经审计的净利润连续为负值或者因追溯重述导致最近两个会计年度净利润连续为负值”，并且在这之后的下个会计年度经审计的净利润仍然是负值，企业才会被暂停上市。

但是，在科创板的退市要求中，衡量企业是否被强制退市的标准不是净利润，而是扣除非经常性损益后的净利润。指标的变化让企业不能再通过处理自身资产以弥补亏损等手段保住自己的上市地位。除此之外，企业从被实行风险警示到最终退市，A 股主板耗费的时间是 4 年，科创板仅需要 2 年，退市节奏明显加快。

三、丰富交易类强制退市指标

与A股其他板块相比，科创板在交易类退市标准上除了要求股票价格、成交量和股东人数外，还首次引入了市值指标，即如果企业连续20个交易日股票市值都小于3亿元，那么上交所将会决定终止其股票上市（见表8-7）。市值指标的引入，要求科技创新企业不仅要关注自身业务，还需要时刻了解资本市场的动向，并与相关机构保持适当联系，以此来确保企业的市值能满足科创板的要求。

表8-7　主板与科创板的退市规则对比

主板	科创板	主要变化
14.3.1　上市公司出现下列情形之一的，由本所决定终止其股票上市： ………… 在本所仅发行A股股票的上市公司，通过本所交易系统连续120个交易日（不包含公司股票停牌日）实现的累计股票成交量低于500万股，或者连续20个交易日（不包含公司股票停牌日）的每日股票收盘价均低于股票面值； ………… 上市公司股东数量连续20个交易日（不含公司首次公开发行股票上市之日起的20个交易日和公司股票停牌日）每日均低于2000人； …………	12.3.1　上市公司出现下列情形之一的，本所决定终止其股票上市： ………… 连续20个交易日股票市值低于3亿元； ………… 前款规定的交易日，不包含公司股票停牌日和公司首次公开发行股票上市之日起的20个交易日。 证券市场出现重大异常波动等情形的，本所可以根据实际情况调整本条第一款规定的交易指标	在现有交易类退市指标基础上增加了市值类退市指标

注：科创板退市的详细规则见表8-6中的“交易类强制退市指标”相关内容。

四、信息披露及规范运作存缺陷也将导致退市

主板的退市制度针对会计报告存在重大差错及虚假记载、未按时披露定期报告及股权分布不符合要求等情况制定了相关标准。而在科创板制度中，企业如果存在“因信息披露或者规范运作等方面存在重大缺陷，被本所责令改正但公司未在规定期限内改正，此后公司在股票停牌 2 个月内仍未改正”的情况，那么企业将会被强制退市。这也意味着科创板从严要求企业进行信息披露，并且企业退市与否需要更多听取专业机构的意见。

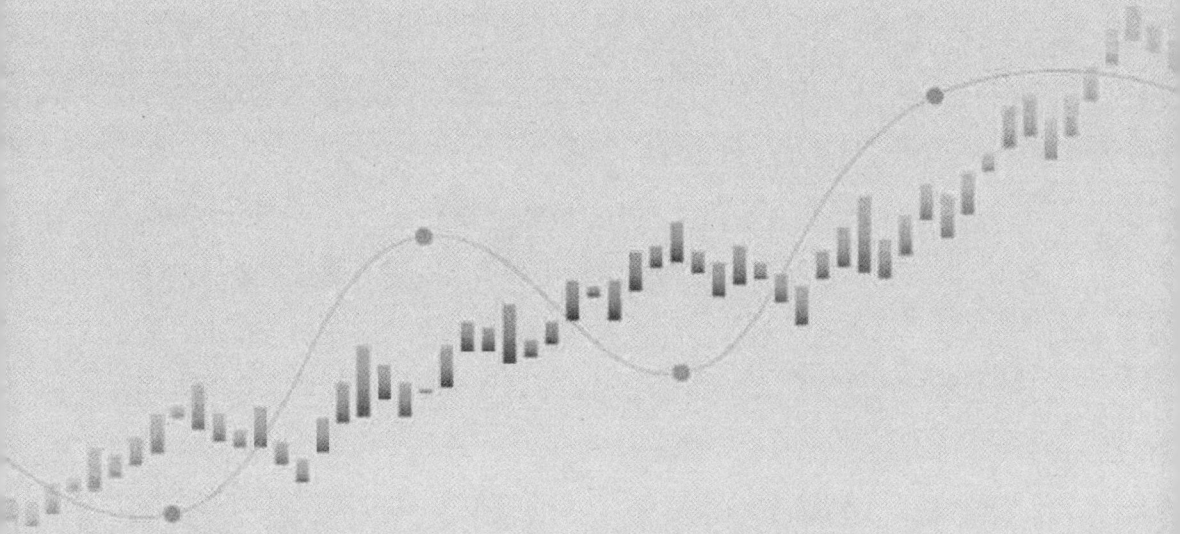

第九章

着力推动企业组织结构优化的科创板

公司治理是协调利益相关者利益的重要机制，良好的公司治理措施将会推动企业内部优化，进而实现对利益相关者的利益保护，这是企业持续稳定创新发展的重要基础。

科技创新企业存在信息不对称程度高、核心技术人员作用突出等特征，要求公司治理制度围绕如何保护核心技术人员而进行，因为只有实现对企业内部核心技术人员的保护，才能从根本上实现对投资者利益的保护。

第一节
表决权差异安排：规范表决权差异安排的 4 个方面

差异化表决权是科创板制度的亮点之一。对此，2019 年 1 月 30 日，上交所相关负责人在回答记者提问时也表示："尊重科创企业公司治理的实践选择，允许设置差异化表决权的企业上市。为平衡利害关系，科创板上市规则对如何合理设置差异化表决权，进行了必要的规范。"此后，《上海证券交易所科创板股票上市规则》对企业进行表决权差异安排的前提条件以及后续监管等方面，都提出了严格的要求。

总结起来，上交所规范表决权差异安排的规章包括以下 4 个方面。

1. 前提条件：更为严格

科创板对企业表决权差异安排的设置，制定了更为严格的前提条件。首先，发行人在首次公开发行上市之前决定设置表决权差异安排时，需要召开股东大会进行表决；其次，表决需参加股东大会的股东所拥有的 2/3 以上的表决权通过。需要注意的是，这一设置安排仅能在上市之前执行。在首次公开发行上市后，发行人不得以任何理由再进行表决权差异安排。

除此之外，科创板对于进行表决权差异安排的企业，还设置了市值及财务指标要求，企业至少需要满足以下两个条件之一：

（一）预计市值不低于人民币100亿元；

（二）预计市值不低于人民币50亿元，且最近一年营业收入不低于人民币5亿元。

2. 主体资格和后续变动：受到限制

持有特别表决权股份的股东，必须在企业发展或者业务增长等方面做出过重大贡献。除此之外，在企业上市之前以及上市之后，持有人都依然担任企业董事职务或者拥有实际控制权。

另外，特别表决权股份不得增发，也就是说，除了同比例配股、转增股份情形外，它不能在二级市场进行交易。特别表决权股份持有人如果由于某种原因导致不符合持有要求，那么其手中的股份将转换为普通股股份。规则中还要求特别表决权股份不能进行转让，转让也会导致特别表决权股份转换为普通股份。最后，特别表决权股份应当保持既定比例，如果该比例由于股份回购等原因发生变化，便需要通过转换为普通股份等措施来保证特别表决权股份不得高于原有水平。

3. 普通投票权股东的合法权利：进行保障

为了保障普通投票权股东的权利，企业的普通股份表决权占比应该不低于10%。除此之外，有权提议召开临时股东大会的股东的表决权股份数量也需要受到限制。

4. 内外部监督机制：加以强化

根据《上海证券交易所科创板股票上市规则》的要求，具有表决权差异安排的上市企业，在其定期报告中，报告期内涉及特别表决权的信息都需要予以充分披露，包括实施情况、变化情况等。另外，企业实施特别表决权时，对保障投资者合法权益的相关措施也需要予以充分披露。同时，具有表决权差异安排的上市企业，监事会应当在报告中就以下事项出具专项意见。

（一）持有特别表决权股份的股东是否持续符合本规则第4.5.3条的要求；

（二）特别表决权股份是否出现本规则第4.5.9条规定的情形并及时转换为普通股份；

（三）上市公司特别表决权比例是否持续符合本规则的规定；

（四）持有特别表决权股份的股东是否存在滥用特别表决权或者其他损害投资者合法权益的情形；

（五）公司及持有特别表决权股份的股东遵守本章其他规定的情况。

值得关注的是，持有特别表决权股份的股东不得滥用这一权力，也不能利用这一权力来损害投资者的合法权益。如果出现上述情况，上交所有权要求滥用方予以改正。

第二节
股权激励：占比与激励范围得以提升和扩大

一、拟上市公司股权激励常见问题

科创板正式推出之前，企业通过A股其他板块IPO上市时，许多监管规则都在一定程度上限制了企业的股权激励举措。也正因如此，许多企业选择通过境外上市来实现融资的目的。在此，本书将拟上市企业的股权激励问题加以总结，主要包括以下 3 个方面。

1. 股权清晰问题

《首次公开发行股票并上市管理办法》《首次公开发行股票并在创业板上市管理办法》均要求，发行人应当“股权清晰，控股股东和受控股股东、实际控制人支配的股东持有的发行人股份不存在重大权属纠纷”。

基于这一要求，如果拟上市企业存在股权激励尚未完成的情况，那么员工通过股权激励方式获得股票的结果便存在不确定性。这种情况在很大程度上会被证监会认定为股权不清晰，也就是不满足上市要求。

因此，许多企业在进行 IPO 申报之前，如果股权激励尚未实施完毕，为了不让其对上市进程造成影响，往往选择通过加速行权或者收回并注销股权激励的方式来满足上市要求。

一般情况下，如果企业实行的是期权计划，那么通常会选择加速复权或者注销的方式将激励计划完成；而如果企业选择的是限制性股票激励计划，那么通常会选择解除或者豁免解锁条件等方式将激励计划完成。但是，无论企业选择哪一种方式，都将会导致股权激励的效果远不如预期。

2. “200 人”问题

《中华人民共和国证券法》明确规定，向特定对象发行证券累计超过 200 人的属于公开发行，需依法报经证监会核准。另外，拟上市企业直接及间接的持股人数“穿透”后要少于200人。

基于上述背景，拟上市企业无论选择直接持股还是间接持股，股权激励人数都将受到限制。但是，对于许多科技创新企业而言，它们需要通过股权激励来激发员工的工作积极性，而且需要激励的人数较多，有时甚至是采取全员持股的方式。所以，证券法的这一要求无疑严重阻碍了科技企业登陆A股市场的步伐。

3. 资金来源和股份支付问题

企业为了能够顺利IPO，往往通过加速行权来完成股权激励计划。但是，当企业选择这一方式时，企业员工则需要在短期内筹集大笔资金，对他们来说，资金来源是一个问题。与此同时，企业IPO上市存在不确定性，这无形之中给实际出资的员工增加了压力。对于企业而言，加速行权不仅让股权激励计划大打折扣，同时还有可能导致企业在此期间由于转让大量股权而影响企业的最终利润，并且给企业上市估值造成负面影响，严重者甚至会造成业绩亏损，企业同样无法实现上市。

二、科创板创新监管方式

科创板对于股权激励的监管尺度，与《关于试点创新企业实施员工持股计划和期权激励的指引》的要求类似，但不再局限于试点企业，而是让各项规章有真正落地的机会。对于科技创新企业而言，科创板对于股权激励的监管尺度，简直可以称之为量身打造，这也为科技创新企业在我国资本市场进行IPO上市提供了新的机会。

针对拟上市企业股权激励最常见的几个问题，科创板通过借鉴境外资本市场的经验，引入“申报前制定、上市后实施”的股权激励计划。这样一来，企业上市申报之前，不需要再采取特殊手段来完成或者放弃股权激励计划。与此同时，在期权计划执行过程中，拟上市企业还可以按计划完成股权激励，企业员工便无须通过实际出资来购买股权，也不会因此而带来资金压力。

另外，针对股权激励限制人数为200人的问题，科创板引入了上市前员工持股计划，在制度方面实现了突破。根据《上海证券交易所科创板股票上市规则》及审核问答的内容，准备在科创板上市的企业，如果其员工持股计划符合“闭环原则”① 或者是通过基金业协会备案，那么计算股东人数的规则将发生改变，只按照一名股东人数进行计算。值得一提的是，企业无论选择哪一种操作方式，对于自身及其员工来说，都属于可接受的范围内，尤其是“闭环原则”。因此，科创板股权激励制度的推出，对于需要对大量员工进行股权激励的企业来说是重大利好。

除此之外，科创板的股权激励规则还在激励比例与范围方面进行了创新，能够帮助企业更高效地达到股权激励的预期。

1. 提高了股权激励的比例

《科创板上市公司持续监管办法（试行）》第二十七条规定：

> 科创公司全部在有效期内的股权激励计划所涉及的标的股票总数，累计不得超过公司总股本的20%。

① 详细内容见本章第三节“员工持股计划：无须穿透计算的‘闭环原则’”。

2016年8月13日施行的《上市公司股权激励管理办法》规定，股权激励数量占总股本的比例是10%。也就是说，在股权激励的比例方面，科创板由之前的10%提升至20%，明显提高了股权激励的比例。

2. 扩大了激励对象的范围

在《上市公司股权激励管理办法》中，规定：

> 单独或合计持有上市公司5%以上股份的股东或实际控制人及其配偶、父母、子女，不得成为激励对象。

但是，在《科创板上市公司持续监管办法（试行）》中，规定：

> 单独或合计持有科创公司5%以上股份的股东或实际控制人及其配偶、父母、子女，作为董事、高级管理人员、核心技术人员或者核心业务人员的，可以成为激励对象。

通过对比上述两条款，可以发现科创板的激励对象范围明显扩大，有利于企业获得更好的激励效果。

第三节
员工持股计划：无须穿透计算的“闭环原则”

一、“闭环原则”的提出

2018年6月6日，证监会发布了《关于试点创新企业实施员工持股计划和期权激励的指引》。在上述指引中，证监会第一次提出“闭环原则”，具体内容如下：

> （二）员工持股计划符合以下要求之一的，在计算公司股东人数时，按一名股东计算；不符合下列要求的，在计算公司股东人数时，穿透计算持股计划的权益持有人数：
>
> 1. 员工持股计划遵循“闭环原则”。员工持股计划不在公司首次公开发行股票时转让股份，并承诺自上市之日起至少36个月的锁定期。试点企业上市前及上市后的锁定期内，员工所持相关权益拟转让退出的，只能向员工持股计划内员工或其他符合条件的员工转让。锁定期后，员工所持相关权益拟转让退出的，按照员工持股计划章程或有关协议约定处理。
>
> 2. 员工持股计划未按照“闭环原则”运行的，员工持股计划应由公司员工组成，依法设立、规范运行，且已经在基金业协会依法依规备案。

而在 2019 年 3 月 3 日，上交所发布了《上海证券交易所科创板股票发行上市审核问答》，并且介绍了员工持股计划穿透计算的“闭环原则”，其内容与证监会所发布的内容完全一致。

由证监会以及上交所制定的规则可知，只要符合“闭环原则”要求，即便企业持股人员超过 200 人，都可以按照一名股东来计算人数。

二、“闭环原则”的实施条件

下面详细解读“闭环原则”的有关内容。

1. “员工持股计划不在公司首次公开发行股票时转让股份”

也就是说，在首次公开发行股票时，企业作为发行人，无论其性质是有限公司还是有限合伙公司，都不能将股票进行转让。事实上，这一条件对于许多企业而言非常容易实现。因为大多数企业的股东都不会愿意企业在刚刚上市的时候，员工便将手中股票进行转让以获取利益，这将会间接影响企业的发展。

2. “并承诺自上市之日起至少 36 个月的锁定期”

事实上，企业在上市之前，各方所持有的股份便被要求锁定。按照规定，控股股东、实际控制人或其一致行动人，以及在上市之前一年内入股的股东，其锁定期都为 36 个月。另外，不少企业都是通过有限合伙持股平台对员工持股计划进行管理的，而有限合伙持股平台背后的掌控人，往往都是企业的控股股东或者实际控制人。基于这一条件，普通合伙人也属于控股股东的一致行动人范畴。因此，在企业上市之后，其股份锁定期也是36个月。由上述情况可知，这一条件对于企业而言并不难实现。

3. “试点企业上市前及上市后的锁定期内，员工所持相关权益拟转让退出的，只能向员工持股计划内员工或其他符合条件的员工转让”

持股员工在上市后的锁定期内，由于种种原因需要将其所持股份进行转让时，接受转让的对象必须是管理部门所规定的主体。对于这一点，企业想要实现，难度也并不大。

一般情况下，企业对员工转让股份的行为，都会给予一定程度的约束。企业这样做的原因主要是，如果员工将其所持股份对外转让，那么极有可能会对企业的管理造成负面影响。因此，为了保证激励效果同时又能够对员工进行有效管理，企业通常会与员工达成股份不得对外转让的约定。即便出现持有股份的员工由于离职、退休或其他原因而无法在企业继续工作的问题，企业也会采取相应的处理措施，而不会允许员工将股份对外转让。

综上所述，在实践过程中，大多数进行股权激励的企业，都在一定程度上满足了“闭环原则”的要求。因此，在科创板提出员工持股计划可以运用“闭环原则”的情况下，申报企业完全可以借助这一方式来完成更有效的股权激励计划。

三、“闭环原则”的作用

首先，按照“闭环原则”的要求，在计算企业股东人数时，可以按一名股东计算。这样一来，持股计算方式不必具体到每一位持股员工，能够很好地解决股东人数不能超过 200 人的问题。借助“闭环原则”，科技创新企业能够在更大范围对员工予以激励，进而推动企业的快速发展。

其次，借助“闭环原则”，持股员工所持股份的锁定期得到延长，有助于企业与核心成员形成更长期的利益共同体。从另一个角度来看，还可以为企业管理层减少部分经营压力。

最后，“闭环原则”在一定程度上能够让员工所持股份在企业内部进行流动，并且形成一个对于内部员工来说具备激励效果的流动市场。这一举措既方便企业对员工股份进行管理，又能够让股份具备一定的流动性。在这种情况下，持股员工与其他员工之间能够形成交易关系，即便企业尚未上市，也能够对员工形成导向激励。

随着科创板的发展，以及企业规模的不断扩大，相信“闭环原则”将会成为企业进行股权激励的助推器。

第四节
股东大会：科创板保障普通股东合法权益的相关措施

2019 年 1 月 30 日，上交所发布的《上海证券交易所科创板股票上市规则（征求意见稿）》指出，允许设置差异化表决权的企业在科创板上市，这是我国股市首次允许同股不同权机制的存在。普通股东享有的最明显的合法权益是其投票权，因此设置差异化表决权对普通股东合法权益的影响极大。

2019 年 3 月 1 日，上交所发布了《上海证券交易所科创板股票上市规则》，对表决权差异安排等方面做了明确规定，其中尤为强调的是充分保障普通投票权股东的合法权利，具体内容如下：

一、对普通表决权股份数量进行保障

规则要求：

4.5.7 上市公司应当保证普通表决权比例不低于10%；单独或者合计持有公司10%以上已发行有表决权股份的股东有权提议召开临时股东大会；单独或者合计持有公司3%以上已发行有表决权股份的股东有权提出股东大会议案。

本规则所称普通表决权比例，是指全部普通股份的表决权数量占上市公司全部已发行股份表决权数量的比例。

这一规定有效保障了普通股东的表决权，避免拥有特别表决权的股东做出有损普通股东权益的举动。

二、设置永久转换条款

根据规则要求，上市公司如果出现以下4种场景中的任何一种，那么特别表决权股份应当同比例转换为普通股份。永久转换条款内容如下：

4.5.9 出现下列情形之一的，特别表决权股份应当按照1∶1的比例转换为普通股份：

（一）持有特别表决权股份的股东不再符合本规则第

4.5.3条规定的资格和最低持股要求，或者丧失相应履职能力、离任、死亡；

（二）实际持有特别表决权股份的股东失去对相关持股主体的实际控制；

（三）持有特别表决权股份的股东向他人转让所持有的特别表决权股份，或者将特别表决权股份的表决权委托他人行使；

（四）公司的控制权发生变更。

发生前款第四项情形的，上市公司已发行的全部特别表决权股份均应当转换为普通股份。

发生本条第一款情形的，特别表决权股份自相关情形发生时即转换为普通股份，相关股东应当立即通知上市公司，上市公司应当及时披露具体情形、发生时间、转换为普通股份的特别表决权股份数量、剩余特别表决权股份数量等情况。

三、重大事项表决保障

特别表决权的使用也有例外，不是企业的任何决策都可以使用特别表决权，否则普通股东手中所持有的投票权几乎毫无意义。为此，规则对特别表决权不能行使特殊权力的情况进行了规定，具体内容如下：

4.5.10　上市公司股东对下列事项行使表决权时，每一特别表决权股份享有的表决权数量应当与每一普通股份的表决权数量相同：

（一）对公司章程作出修改；

（二）改变特别表决权股份享有的表决权数量；

（三）聘请或者解聘独立董事；

（四）聘请或者解聘为上市公司定期报告出具审计意见的会计师事务所；

（五）公司合并、分立、解散或者变更公司形式。

上市公司章程应当规定，股东大会对前款第二项作出决议，应当经过不低于出席会议的股东所持表决权的三分之二以上通过，但根据第 4.5.6 条、第 4.5.9 条的规定，将相应数量特别表决权股份转换为普通股份的除外。

四、持续披露

前文提到过，科创板审核的三大重点内容之一便是信息披露。对于企业的信息披露内容，只要具有同股不同权的安排，科创板便要求上市公司“应当在年度报告中披露该等安排在报告期内的实施和变化情况，以及该等安排下保护投资者合法权益有关措施的实施情况。前款规定事项出现重大变化或者调整的，公司和相关信息披露义务人应当及时予以披露”，以此来保障普通投资者的合法权益。

五、不得滥用特别表决权

《上海证券交易所科创板股票上市规则》要求：

> 4.5.13　持有特别表决权股份的股东应当按照所适用的法律法规以及公司章程行使权利，不得滥用特别表决权，不得利用特别表决权损害投资者的合法权益。
>
> 出现前款情形，损害投资者合法权益的，本所可以要求公司或者持有特别表决权股份的股东予以改正。

无论在何种情况下，股东滥用权力都会对企业发展造成不良影响，故对特别表决权的限制应当更为严格，以避免被滥用。

当然，特别表决权股东并非在任何方面都有特权，除了公司章程规定的表决权差异以外，在其他方面与普通股东的权利是一样的。

第五节
社会责任：科创板企业需定期披露社会责任履行结果

与A股其他板块的上市规则相比，科创板的上市规则中有一要求非常引人注目，即明确要求企业披露自身社会责任的履行结果，并且内容要尽可能详细。由此可见，社会责任问题正逐步得到资本市场的重视，而科创板对企业履行社会责任的情况尤为重视。

一、科创板企业需定期披露社会责任履行结果

上交所对想在科创板上市的企业提出了以下4点要求。

1. 关注社会责任是上市公司董事应当履行的勤勉义务

对上市公司的董事而言，《上海证券交易所科创板股票上市规则》中关于社会责任的要求如下：

> 4.2.4　上市公司董事应当履行以下勤勉义务，不得怠于履行职责：
>
> （一）保证有足够的时间和精力参与上市公司事务，审慎判断审议事项可能产生的风险和收益；原则上应当出席董事会会议，因故授权其他董事代为出席的，应当审慎选择受托人，授权事项和决策意向应当具体明确，不得全权委托；
>
> （二）关注公司经营状况等事项，及时向董事会报告相关问题和风险，不得以对公司业务不熟悉或者对相关事项不了解为由主张免除责任；
>
> （三）积极推动公司规范运行，督促公司履行信息披露义务，及时纠正和报告公司的违规行为，支持公司履行社会责任；
>
> （四）法律法规、本规则以及本所其他规定、公司章程规定的其他勤勉义务。

一家企业能否履行好自身的社会责任，与其文化价值观、发展

理念等方面都有直接的联系，这便要求企业高管重视该项工作并积极参与其中，以此来避免履行社会责任成为“表面文章”。

2. 加强社会责任信息披露是上市公司发展的要求

（1）在企业社会责任的信息披露方面，《上海证券交易所科创板股票上市规则》的总体要求如下：

> 4.4.1　上市公司应当积极承担社会责任，维护社会公共利益，并披露保护环境、保障产品安全、维护员工与其他利益相关者合法权益等履行社会责任的情况。
>
> 上市公司应当在年度报告中披露履行社会责任的情况，并视情况编制和披露社会责任报告、可持续发展报告、环境责任报告等文件。出现违背社会责任重大事项时应当充分评估潜在影响并及时披露，说明原因和解决方案。

（2）对于企业出现的重大事故或负面事件，《上海证券交易所科创板股票上市规则》的要求如下：

> 8.2.5　出现下列重大事故或负面事件的，应当及时披露具体情况及其影响：
>
> （一）发生重大环境、生产及产品安全事故；
>
> （二）收到政府部门限期治理、停产、搬迁、关闭的决定通知；
>
> （三）不当使用科学技术或违反科学伦理；
>
> （四）其他不当履行社会责任的重大事故或负面事件。

这些年，虽然上交所和深交所不断推动企业主动披露履行社会责任的信息，但是以目前的发展情况来看，企业所披露的社会责任报告的质量总体上并没有达到预期，并且在关键信息披露上更是明显存在不足之处。因此，在科创板上市的企业更应该以身作则，在社会责任的信息披露方面做出表率。

3. 各方面责任都需要上市公司履行到位

（1）《上海证券交易所科创板股票上市规则》对企业履行环境保护责任的要求如下：

> 4.4.2　上市公司应当将生态环保要求融入发展战略和公司治理过程，并根据自身生产经营特点和实际情况，履行下列环境保护责任：
>
> （一）遵守环境保护法律法规与行业标准；
>
> （二）制订执行公司环境保护计划；
>
> （三）高效使用能源、水资源、原材料等自然资源；
>
> （四）合规处置污染物；
>
> （五）建设运行有效的污染防治设施；
>
> （六）足额缴纳环境保护相关税费；
>
> （七）保障供应链环境安全；
>
> （八）其他应当履行的环境保护责任事项。

（2）《上海证券交易所科创板股票上市规则》对企业履行生产及产品安全保障责任的要求如下：

> 4.4.3　上市公司应当根据自身生产经营模式，履行下列生产及产品安全保障责任：

（一）遵守产品安全法律法规与行业标准；

（二）建立安全可靠的生产环境和生产流程；

（三）建立产品质量安全保障机制与产品安全事故应急方案；

（四）其他应当履行的生产与产品安全责任。

(3)《上海证券交易所科创板股票上市规则》对企业履行员工权益保障责任的要求如下：

4.4.4　上市公司应当根据员工构成情况，履行下列员工权益保障责任：

（一）建立员工聘用解雇、薪酬福利、社会保险、工作时间等管理制度及违规处理措施；

（二）建立防范职业性危害的工作环境与配套安全措施；

（三）开展必要的员工知识和职业技能培训；

（四）其他应当履行的员工权益保护责任。

以环境保护责任为例，《上海证券交易所科创板股票上市规则》要求科技创新企业不仅要在自身的生产经营等方面做好节能减排工作，同时还应该督促与其有业务关系的供应商、客户等对环境保护尽责。

4. 不可忽视的科学伦理问题

《上海证券交易所科创板股票上市规则》对企业履行科学伦理责任的要求如下：

4.4.5 上市公司应当严格遵守科学伦理规范，尊重科学精神，恪守应有的价值观念、社会责任和行为规范，发挥科学技术的正面效应。

上市公司应当避免研究、开发和使用危害自然环境、生命健康、公共安全、伦理道德的科学技术，不得从事侵犯个人基本权利或者损害社会公共利益的研发和经营活动。

上市公司在生命科学、人工智能、信息技术、生态环境、新材料等科技创新领域开发或者使用创新技术的，应当遵循审慎和稳健原则，充分评估其潜在影响及可靠性。

在科创板上市的企业，其业务往往会涉及生命科学、人工智能、生态环境等高端领域。在这些技术领域中，关于科学伦理、社会责任等方面的问题一直以来备受争议。比如大数据带来的隐私安全问题，或者是生物医学带来的道德伦理方面的问题等，这些问题一旦爆发，后果不堪设想。

除此之外，创新领域涉及的科学伦理问题，其影响有时存在间接性与滞后性。也就是说，很有可能某项技术在长期使用甚至是大规模使用的情形下，其不良影响才会显现出来。而此时再针对不良影响采取措施，可能已经出现了巨大损失。因此，在科创板上市的企业必须有高度的社会责任感，以防范新开发的科学技术引发大范围的社会风险。

二、科创板企业定期披露社会责任履行结果意义深远

科创板企业定期披露社会责任的相关信息，能够让投资者在关注其财务、业绩等方面信息的同时，也能了解到其社会责任的履行情况，进而督促企业加强对环境等方面的保护力度。如今，国际资本对企业履行社会责任的理念越来越看重，在进行投资时，往往还会增加对企业环境保护、公共利益等方面工作的考量。综合而言，企业定期披露社会责任能够起到的作用可分为外部投资作用和内部经营作用。

在对外投资方面，企业定期披露社会责任方面的信息，一是能够展现企业在履行社会责任方面的成果，进一步体现企业的可持续发展能力，在提升社会对企业好感度的同时，促进企业市场价值的增加；二是能够促进企业社会责任履行方面评级的提升，因为如今全球许多金融机构在进行研究或做出投资决策时，都会考虑企业的社会责任因素。例如，2018 年 6 月 1 日，A 股被正式纳入摩根士丹利资本国际公司（Morgan Stanley Capital International，MSCI）的新兴市场指数和全球指数。而在这之后，MSCI 还会继续搜集相关企业的公开资料，并且对目标企业进行社会责任方面的研究与评级，以此来为投资者提供参考。

在对内经营方面，企业定期披露社会责任方面的信息，一是能够促进企业加强内部治理。因为企业在披露社会责任信息的过程中，会对自身的运转进行梳理与规范，以此来更全面地了解企业的经营情况，以便加强管理。二是对企业的经营业绩、声誉等方面产

生积极影响，以此来提升投资者对企业的认知度以及信任程度。除此之外，我国对企业发展绿色环保等方面的业务，提供了一定的政策支持，比如税收减免等，这无疑会对企业的长远发展起到重要的推动作用。

总而言之，科创板要求企业定期披露社会责任方面的信息，既是国际形势发展的要求，也顺应了国内强化监管的趋势，能够帮助科技创新企业展示正面形象，提升知名度。

第十章

科创板还可释放更多制度红利

科创板在上市门槛、新股定价、退市制度等方面都实现了较大程度的突破，并且努力朝着市场化的方向进行改革。随着时间的推移，相信未来科创板还可以在更多方面实现突破，释放更多的制度红利。

第一节
分层上市机制：基础层、创新层、精选层

科创板的推出既符合科技创新企业的发展趋势，同时也在补齐我国资本市场存在的短板。与此同时，科创板还需要借鉴国内外资本市场的成功经验，以此来促进自身的发展。比如，科创板可借鉴美国纳斯达克与我国新三板市场的分层上市制度，以进一步解决科创板的流动性问题。

科创板的主要服务对象是科技创新企业，这些企业相互间存在较大差别。为了让科创板能够更平稳的发展，借鉴其他市场的分层上市机制是一个不错的选择。

以纳斯达克为例，纳斯达克市场目前分为 3 个层级。第一个层级是上市标准相对较低的纳斯达克资本市场，主要服务对象为市值较低的企业；第二个层级是服务中等市值企业的纳斯达克全球市场，这一板块在财务指标、流动性、企业管理制度等方面设立了较为严格的标准；第三个层级是针对全球范围内高市值企业的纳斯达克全球精选市场，其上市标准不必多说，自然是非常严格的。

与之相对应的是，我国的新三板市场也实行了分层制度，目前可分为基础层、创新层和精选层。2016 年 5 月 27 日，《全国中小企业股份转让系统挂牌公司分层管理办法（试行）》公布，新三板市场推出分层制度。2016 年 6 月 27 日，新三板正式对挂牌企业进行分层管理，分别设立基础层和创新层。

2017 年 12 月 22 日，为了贯彻落实党的十九大精神，进一步完善新三板市场的功能，全国中小企业股份转让系统有限责任公司按照证监会关于新三板市场改革发展的工作部署，制定了《全国中小企业股份转让系统挂牌公司分层管理办法》，而 2016 年 5 月 27 日发布的《全国中小企业股份转让系统挂牌公司分层管理办法（试行）》同时废止。

2019 年 12 月 27 日，为了完善分层管理制度，优化市场层级结构，全国中小企业股份转让系统有限责任公司对《全国中小企业股份转让系统挂牌公司分层管理办法》进行了修订，并更名为《全国中小企业股份转让系统分层管理办法》。新的分层管理办法规定，全国股转系统设置基础层、创新层和精选层。

一、基础层相关规定

根据《全国中小企业股份转让系统分层管理办法》的要求，未上市企业在申请挂牌新三板时，满足以下条件之一，挂牌时可进入基础层。

> 第十条　申请挂牌公司符合挂牌条件，但未进入创新层的，应当自挂牌之日起进入基础层。
>
> 挂牌公司未进入创新层和精选层的，应当进入基础层。

二、创新层相关规定

《全国中小企业股份转让系统分层管理办法》对创新层的要求可分为两种：第一种是针对已经挂牌企业的；第二种是针对未挂牌企业的。

1. 已挂牌企业

根据《全国中小企业股份转让系统分层管理办法》的要求，已经挂牌的企业满足以下条件之一，可由基础层进入创新层。

> 第十一条　挂牌公司进入创新层，应当符合下列条件之一：
>
> （一）最近两年净利润均不低于1000万元，最近两年加权平均净资产收益率平均不低于8%，股本总额不少于2000万元；
>
> （二）最近两年营业收入平均不低于6000万元，且持续增长，年均复合增长率不低于50%，股本总额不少于2000万元；
>
> （三）最近有成交的60个做市或者集合竞价交易日的平均市值不低于6亿元，股本总额不少于5000万元；采取做市交易方式的，做市商家数不少于6家。
>
> 第十二条　挂牌公司进入创新层，同时还应当符合下列条件：
>
> （一）公司挂牌以来完成过定向发行股票（含优先

股），且发行融资金额累计不低于1000万元；

（二）符合全国股转系统基础层投资者适当性条件的合格投资者人数不少于50人；

（三）最近一年期末净资产不为负值；

（四）公司治理健全，制定并披露股东大会、董事会和监事会制度、对外投资管理制度、对外担保管理制度、关联交易管理制度、投资者关系管理制度、利润分配管理制度和承诺管理制度；设立董事会秘书，且其已取得全国股转系统挂牌公司董事会秘书任职资格；

（五）中国证监会和全国股转公司规定的其他条件。

2. 未挂牌企业

另外，《全国中小企业股份转让系统分层管理办法》还规定，未挂牌企业在申请挂牌新三板时，满足以下条件之一，挂牌时可直接进入创新层。

第十四条　申请挂牌公司同时符合挂牌条件和下列条件的，自挂牌之日起进入创新层：

（一）符合本办法第十一条第一项或第二项的规定；或者在挂牌时即采取做市交易方式，完成挂牌同时定向发行股票后，公司股票市值不低于6亿元，股本总额不少于5000万元，做市商家数不少于6家，且做市商做市库存股均通过本次定向发行取得；

（二）完成挂牌同时定向发行股票，且融资金额不低于1000万元；

（三）完成挂牌同时定向发行股票后，符合全国股转系统基础层投资者适当性条件的合格投资者人数不少于50人；

（四）符合本办法第十二条第三项和第四项的规定；

（五）不存在本办法第十三条第一项至第四项、第六项情形；

（六）中国证监会和全国股转公司规定的其他条件。

前款所称市值是指以申请挂牌公司挂牌同时定向发行价格计算的股票市值。

三、精选层相关规定

与创新层不同，精选层只针对已挂牌企业，并且是处于创新层的企业。

第十五条　在全国股转系统连续挂牌满12个月的创新层挂牌公司，可以申请公开发行并进入精选层。

挂牌公司申请公开发行并进入精选层时，应当符合下列条件之一：

（一）市值不低于2亿元，最近两年净利润均不低于1500万元且加权平均净资产收益率平均不低于8%，或者最近一年净利润不低于2500万元且加权平均净资产收益率不低于8%；

（二）市值不低于4亿元，最近两年营业收入平均不低于1亿元，且最近一年营业收入增长率不低于30%，最近一年经营活动产生的现金流量净额为正；

（三）市值不低于8亿元，最近一年营业收入不低于2亿元，最近两年研发投入合计占最近两年营业收入合计比例不低于8%；

（四）市值不低于15亿元，最近两年研发投入合计不低于5000万元。

前款所称市值是指以挂牌公司向不特定合格投资者公开发行（以下简称公开发行）价格计算的股票市值。

第十六条　挂牌公司完成公开发行并进入精选层时，除应当符合本办法第十五条规定条件外，还应当符合下列条件：

（一）最近一年期末净资产不低于5000万元；

（二）公开发行的股份不少于100万股，发行对象不少于100人；

（三）公开发行后，公司股本总额不少于3000万元；

（四）公开发行后，公司股东人数不少于200人，公众股东持股比例不低于公司股本总额的25%；公司股本总额超过4亿元的，公众股东持股比例不低于公司股本总额的10%；

（五）中国证监会和全国股转公司规定的其他条件。

公众股东是指除以下股东之外的挂牌公司股东：

（一）持有公司10%以上股份的股东及其一致行动人；

（二）公司董事、监事、高级管理人员及其关系密切的家庭成员，公司董事、监事、高级管理人员直接或间接控制的法人或者其他组织。关系密切的家庭成员，包括配偶、子女及其配偶、父母及配偶的父母、兄弟姐妹及其配偶、配偶的兄弟姐妹、子女配偶的父母。

精选层的推出对于资本市场而言是一个利好消息，能够很好地促进挂牌企业之间的流动。

总体而言，虽然A股各大板块都设置了严格的上市（挂牌）标准，但是上市（挂牌）企业的质量未必能够得到绝对的保证。与此同时，如果想让国内资本市场整体活跃起来，相关工作需要循序渐进地开展。而对具有不同发展规模、处于不同行业的上市（挂牌）企业来说，自身的流动性也存在差别。因此，新三板实现分层上市机制，对相关企业而言，是一个利好消息，其中的成功经验值得科创板借鉴。

第二节

混合交易制度：盘活更多市场流动性

我国主板市场在交易制度方面采用的是连续竞价机制，在这一机制之下，投资者可以直接参与到市场的竞价交易中。但是，连续竞价机制要在一定的前提条件下，即市场流动性充足、市场信息公开透明并且及时，才能充分发挥其效用。如果市场流动性缺失、交易双方信息严重不对称，那么在这种情况下，连续竞价机制将导致隐性交易成本出现，使得市场波动幅度变大。除此之外，如果企业运转不顺畅，那么与其有关的资金的流动性也会因此而受到牵连，并进一步导致其在资本市场的交易受阻，无法形成有效的市场价格。在这种情况之下，投资机构不仅不能成为维护市场稳定的力量，甚至有可能加剧市场的追涨杀跌行为。一些投机者极有可能会利用这一状况，进而操纵股票价格，损害投资者的利益。

科创板的主要服务对象为科技创新企业，它们具有极强的创新性，但规模不一定大，并且风险普遍较高，其定价过程也比较复杂。在这种前提之下，如果科创板采用连续竞价机制，那么主板中存在的问题在科创板中极有可能会持续放大，最终导致科创板出现市场流动性枯竭的问题。因此，科创板采用做市商与连续竞价相混合的交易制度，具备一定的可行性。

值得关注的是，对于所采用的交易方式，已发布的相关制度提到了在未来条件成熟的情况下，科创板将“引入做市商机制，做市商可以为科创板股票提供双边报价服务”。

在境外成熟资本市场中，比如纳斯达克、纽约证券交易所等，做市商是很常见的。纳斯达克采用的是以估值定价为核心内容的混合型做市商的交易制度，这种制度对美国科技创新企业的发展起到了重要的推动作用。由于在很多情况下都是以自有资金来承担风险，因此，为了能够有效降低风险，做市商通常都会组建专业的研究团队，对目标企业进行长期并且深入的研究，最后形成专业的意见，给出的估值与报价也比较合理。由于科技创新企业具有高风险、高收入以及高成长性的特点，科创板采用做市商制度将能够实现风险共担的目标，进而促使个股定价趋于合理。从这一层面来看，做市商制度对于投资者来说无疑是一项利好制度。

在国内市场中，2014 年新三板也试点了做市商制度，目的是解决市场的流动性问题。基于这一背景，新三板市场的做市交易总额占比曾经达到 2/3 的傲人业绩，大量企业都加入了做市商队伍。

科创板是背靠着主板推出的，通常情况下对流动性不需要多做考虑；但需要注意的是，科创板推出的同时还试点了注册制，这种情况之下，企业的新股定价便缺乏可供参考的标杆，如何合理定价成为重要问题。

对此，一家大型券商投研负责人表示："科创板引入做市商，既可以在定价上发挥专业的优势，也能弥补交易的深度、广度，使得市场更加成熟和稳定。"

科创板可以借鉴做市商制度，同时做市商可以通过多渠道信息对企业价值进行判断并且提供双向报价。未来，如果科创板采用混合交易制度，上交所可以在做市商数量、价差等方面修改相应条款。

虽然新三板早已采用了做市商制度，然而以目前的情况来看，这一制度未必适合在新三板中运行。2019 年 1 月，东兴证券从 50 多家在新三板挂牌的企业中退出，放弃了做市业务。在新三板市场中，券商主要是投入自有资金进行做市业务。但是，2016—2018 年，新三板做市指数从 1400 点跌到 700 点，其低迷的状态直接导致券商亏损严重，因此不得不放弃这一业务。而做市商制度在新三板中的运用之所以出现这种结果，最主要的原因是新三板对投资者设立的准入门槛太高，导致新三板投资者数量较少，使做市商制度难以发挥其作用。科创板应该吸取新三板的教训，从各个方面维护市场的流动性。

其实，科创板采用做市商和连续竞价的混合交易制度是否能成功，还是要看相关的配套政策。这便要求科创板从前期的询价、定价到后期的监管等各方面进行完善，同时做市商也要持续提高自身的合理定价能力。

第三节
产业带动：资本市场助力科创产业升级与创新

设立科创板并试点注册制，不仅能够提升市场的包容性，吸引优质科技创新企业发行上市，还可以为市场进行全面深化改革做好准备，以便进一步实现相关产业的升级与创新。

一、科技创新企业迎来“孵化基地”

对于科创板的设立，湘财证券首席经济学家李康表示，“设立科创板并试点注册制意义远超资本市场本身，除了利用科创板推动资本市场发展外，科创板还将推动资本市场成为中国经济转型发展过程中的探路者”。科技创新企业在一定程度上代表着我国的先进生产力，并且能够拉动我国实体经济的发展。科创板的设立，为科技创新企业提供了“孵化基地”，将进一步推动我国经济高质量发展。

与此同时，中国银河证券投资研究部总经理鞠厚林表示，“我国正面临经济转型，产业升级的关键时期，科技创新企业需要市场和社会的大力支持，科创板的推出正当其时，不但将给科创企业发展提供资金和品牌支持，也将为企业健康规范发展提供舞台”。科创板针对其服务对象所设置的准入门槛，比较符合科技创新企业的特点，并且更具包容性。这些措施能够有效提升资本市场为实体经济服务的能力，而投资者分享科技创新企业成长红利的渠道也将更加多元化。

另外，随着自身实力的壮大，科创板应对企业的信息披露与监管提出更高要求，以此来保证上市企业的质量。与此同时，科创板还应注重激发市场活力，保护投资者的合法权益，有效降低金融风险。毫无疑问，设立科创板并且试点注册制能够为科技创新企业创造良好的发展环境。

二、大幅提升资本市场的吸引力

科创板实行注册制，能够有效吸引科技创新领域中的优质企业，解决其发展中面临的资金瓶颈问题，让投资者、企业以及市场都能够从中获益。不仅如此，注册制背景下，个股的发行价格、规模等将由市场决定，市场的主导作用更为突出。这种情况之下，市场将真正做到优胜劣汰，上市公司的整体质量将得到提升，对投资者的吸引力也将随之提升。

总之，推出科创板并试点注册制，将优化市场的结构，提高科技创新企业的比重，为资本市场的可持续发展奠定坚实的基础。

三、助力产业升级与创新

目前，虽然我国在5G、电子支付、人工智能等方面取得了长足进步，但在芯片等高端领域，仍然依赖进口。要想改变这种状况，实现经济的高质量发展，我国就一定要在集成电路、新材料、高端装备等行业实现突破。而科创板坚持面向世界科技前沿、面向经济主战场、面向国家重大需求，主要服务于符合国家战略、突破关键核心技术、市场认可度高的科技创新企业。故推出科创板，目的是借助资本市场的力量来助推我国的产业升级，让我国尽快从制造业大国转变为制造业强国。

第四节
全球视野：打造中国版“纳斯达克”

事实上，我国资本市场一直希望能够打造出一个中国版的“纳斯达克”，并努力通过设立新三板、创业板以及科创板等市场，以推动这一梦想的实现。从目前的发展情况来看，科创板成为中国版“纳斯达克”的概率是最大的。

一、科创板落地

本书第二章第五节“摸石过河：科创板对多层次资本市场制度创新的带动作用”曾简要介绍过我国资本市场的层次。其中第一层次是主板；第二层次是深交所的中小板与创业板；第三层次是新三板；第四层次是区域性股权交易市场。在这 4 个层次当中，第一、第二层次构成了资本市场的场内市场，第三、第四层次则构成了资本市场的场外市场。

科创板是独立于上述市场的新设市场，它由上交所设立并试点注册制。与上述其他市场相比，科创板主要有三大重要突破：首先，允许尚未盈利或存在累计未弥补亏损的企业上市；其次，允许同股不同权架构的企业上市；最后，允许红筹企业与协议控制（VIE）架构企业上市。

与此同时，针对科技创新企业的特点，综合考虑预计市值、收入、研发投入等因素，科创板为科技创新企业制定了5套差异化的上市标准，科技创新企业只需要符合5个标准的其中之一，便有机会实现上市。除此之外，上交所还设立了科创板上市委员会与科技创新咨询委员会，由它们负责审核工作以及为企业发行上市提供咨询。

由此可见，设立科创板是符合国家发展战略的重要举措，由科创板带动的经济发展模式，与传统经济发展模式存在很大的差别。在传统经济发展模式中，以土地、基础设施等不动产作为核心要素；而由科创板带动的经济发展模式则需要以技术、人才等动产作为核心要素。科创板的建立，是推动建立新的资本市场服务模式的有力保障。我国设立科创板，将直接带来以下4个方面的影响：（1）解决企业融资难的问题；（2）完善风险投资退出机制；（3）推动资本市场从核准制向注册制过渡；（4）估值体系的变化。

科创板的推出让资本市场的定价体系更趋完善，只有真正具备竞争实力的企业，才能在科创板市场中获得投资者的青睐。

二、资本市场的“纳斯达克梦”：从新三板、创业板到科创板

在科创板之前，一直被认为最有可能成为“中国版纳斯达克”

的是 2013 年落地的新三板。2013 年 12 月 14 日，《国务院关于全国中小企业股份转让系统有关问题的决定》发布，将新三板定位为“为创新型、创业型、成长型中小微企业发展服务”。

新三板如今已成为全球挂牌企业数量最多的证券交易市场。然而，如果对新三板的挂牌企业进行分析，就会发现挂牌企业的质量参差不齐。除此之外，虽然新三板挂牌企业的门槛较低，但是投资者的准入门槛太高，导致新三板的活跃度不足，市场的可持续发展受限。

其实，2009 年 10 月开板的创业板也曾对标美国的纳斯达克，但直到目前结果也未能让人满意。随着科创板的推出，一定时期内会给创业板的发展带来压力。

总体来看，在新三板挂牌的企业虽然总体体量偏小，但是覆盖面广，是民营企业和中小微企业的主要发展阵地；在创业板上市的企业大多数是运营时间较长并且具备稳定收益的企业；而在科创板上市的企业为科技创新型企业，主要是发展模式比较成熟但尚未盈利的企业。

从创立时间角度分析，创业板从构想到开板，花费了 10 年的时间。而科创板从 2018 年 11 月 5 日正式提出，到 2019 年 7 月 22 日正式开市，历时 259 天。10 年与 259 天的对比，明显体现出我国资本市场改革的紧迫性，并且进一步体现了科技创新的必要性。

长期来看，新三板、创业板以及科创板会处于“三足鼎立”的状态。但是，随着科创板的健康成长，它将会发展成为“中国版纳斯达克”。

附　录

科创板、港股主板、纳斯达克上市利弊对比

科创板一经推出，便被称为“中国版纳斯达克”，对于想要在资本市场上市的企业而言，又多了一个重要选择。除了对标纳斯达克，我们注意到，科创板在定价、交易等方面也借鉴了我国港股主板市场的经验。3 个市场在某些方面具有异曲同工之处，但也在不少地方存在差别。

那么，在这 3 个市场中，企业选择哪一个市场上市更为合适，这是国内有上市意愿的企业都在考虑的问题。下面就对科创板、港股主板、纳斯达克这 3 个市场进行对比，以便为相关企业提供参考。

一、上市条件对比

科创板自落地以来，在不少方面都对资本市场过往的制度实现了重大突破，包括允许尚未盈利的企业上市、试点注册制、允许同股不同权的企业上市、交易规则进一步放宽等。这些重大突破也让科创板进一步向港股主板、纳斯达克市场靠拢。

根据证监会发布的《关于开展创新企业境内发行股票或存托凭证试点的若干意见》，科创板给红筹企业提供了境内上市的机会，相关内容为：

其中，已在境外上市的大型红筹企业，市值不低于2000亿元人民币；尚未在境外上市的创新企业（包括红筹企业和境内注册企业），最近一年营业收入不低于30亿元人民币且估值不低于200亿元人民币，或者营业收入快速增长，拥有自主研发、国际领先技术，同行业竞争中处于相对优势地位。

而在《上海证券交易所科创板股票上市规则》中，要求如下：

营业收入快速增长，拥有自主研发、国际领先技术，同行业竞争中处于相对优势地位的尚未在境外上市的红筹企业，申请在科创板上市的，市值及财务指标应当至少符合下列标准之一：

（一）预计市值不低于人民币100亿元；

（二）预计市值不低于人民币50亿元，且最近一年营业收入不低于人民币5亿元。

经过对比可以发现，科创板对于红筹企业所设立的准入门槛还是比较高的。

科创板所制定的上市财务标准与港股主板较为接近，比如都允许同股不同权的企业上市等。

而港股创业板，由于在信息披露制度以及估值定价体系等方面存在较大缺陷，导致市场参与率低，长远发展不容乐观。

本书第十章第一节“分层上市机制：基础层、创新层、精选层”曾提及，纳斯达克共分3个层级，分层明显更为丰富。从上市指标来看，纳斯达克每层级市场都有各自的约束标准。下面将对科创板、港股主板、纳斯达克这 3 个市场的上市指标进行简单总结（见附表 1）。

附表 1　科创板、港股主板、纳斯达克的部分上市指标

市场	要求	部分上市指标
科创板	5 项标准满足其一	（一）预计市值不低于人民币 10 亿元，最近两年净利润均为正且累计净利润不低于人民币 5000 万元，或者预计市值不低于人民币 10 亿元，最近一年净利润为正且营业收入不低于人民币 1 亿元
		（二）预计市值不低于人民币 15 亿元，最近一年营业收入不低于人民币 2 亿元，且最近三年研发投入合计占最近三年营业收入的比例不低于 15%
		（三）预计市值不低于人民币 20 亿元，最近一年营业收入不低于人民币 3 亿元，且最近三年经营活动产生的现金流量净额累计不低于人民币 1 亿元
		（四）预计市值不低于人民币 30 亿元，且最近一年营业收入不低于人民币 3 亿元
		（五）预计市值不低于人民币 40 亿元，主要业务或产品需经国家有关部门批准，市场空间大，目前已取得阶段性成果。医药行业企业需至少有一项核心产品获准开展二期临床试验，其他符合科创板定位的企业需具备明显的技术优势并满足相应条件
香港主板	3 项标准满足其一	标准一（盈利测试）： 最近一年的股东应占盈利不得低于 2000 万港元，及其前两年累计的股东应占盈利亦不得低于 3000 万港元
		标准二（市值/收益/现金流测试）： 上市时市值至少为 20 亿港元； 经审计的最近一个会计年度的收益至少为 5 亿港元； 新申请人或其集团的拟上市的业务于前 3 个会计年度的现金流入合计至少为 1 亿港元
		标准三（市值/收益测试）： 上市时市值至少为 40 亿港元；经审计的最近一个会计年度的收益至少为 5 亿港元

续表

市场	要求	部分上市指标
纳斯达克	3项标准满足其一	标准一： 股东权益达 1500 万美元； 一个财政年度或者近 3 年里的两年中拥有 100 万美元的税前收入； 110 万的公众持股量； 公众持股的价值达 800 万美元； 每股买价至少为 5 美元； 至少有 400 个持 100 股以上的股东； 3 个做市商； 须满足公司治理要求
		标准二： 股东权益达 3000 万美元； 110 万股公众持股； 公众持股的市场价值达 1800 万美元； 每股买价至少为 5 美元； 至少有 400 个持 100 股以上的股东； 3 个做市商； 两年的营运历史； 须满足公司治理要求
		标准三： 市场总值为 7500 万美元；或者，资产总额及收益总额分别达 7500 万美元； 110 万的公众持股量； 公众持股的市场价值至少达到 2000 万美元； 每股买价至少为 5 美元； 至少有 400 个持 100 股以上的股东； 4 个做市商； 须满足公司治理要求

从投资功能角度分析，科创板与港股主板、纳斯达克还是有较为明显的区别的，科创板青睐正在成长并且具备发展潜力的企业；港股主板、纳斯达克则相当于企业的天使投资人，即便企业在各方面都没有形成规模，天使投资人也愿意为其提供融资。

从上市条件角度分析，企业在选择不同市场之前，需要了解自己符合哪个市场的上市条件。比如，对于尚未盈利的生物医药类企业而言，如果打算上市，可优先考虑港股主板市场，毕竟科创板对于尚未盈利的企业有着较高的市值要求。但是，由于港股主板的市盈率水平相对偏低，故融资额可能会少些。

上市门槛的降低需要完善的后续制度来支撑，同时，也需要成熟投资者的支持。不同市场、不同类型的投资者，在投资能力上会存在差别。一般而言，市场越成熟，投资者关于投资的各方面能力整体就越强。总体来说，港股主板与纳斯达克的投资者是相对理性并且有经验的。因此，即便上市门槛降低，风险仍处于可控范围之内，但即便如此，港股主板与纳斯达克仍制定了比较完善的退市制度。目前，对科创板来说，其退市制度号称“史上最严”。如附表 2 所示，这是科创板与港股主板、纳斯达克在退市要求方面的区别。

附表 2　科创板、港股主板、纳斯达克的退市要求

市场	具体内容
科创板	存在欺诈发行、重大信息披露违法或者其他严重损害证券市场秩序的重大违法行为，以及涉及国家安全、公共安全、生态安全、生产安全和公众健康安全等领域的违法行为
	在交易所系统连续 120 个交易日实现的累计股票成交量低于 200 万股，连续 20 个交易日股票收盘价均低于面值、市值均低于 3 亿元、股东数量均低于 400 人
	主营业务大部分停滞、明显丧失持续经营能力或者规模极低； 经营资产大幅减少导致无法维持日常经营； 营业收入或者利润主要来源于不具备商业实质的关联交易、与主营业务无关的贸易业务
港股主板	发行人（上市公司）未能遵守《上市规则》，而且情况属严重者
	发行人证券的公众持股量不足
	发行人进行的业务活动或拥有的资产不足以保持其证券继续上市
	发行人或其业务不再适宜上市
	已连续停牌 18 个月

续表

市场	具体内容
纳斯达克	有形净资产不得低于 200 万美元； 市值不得低于 3500 万美元； 净收益最近一个会计年度或最近三个会计年度中的两年不得低于 50 万美元； 公众持股量不得低于 50 万股； 公众持股市值不得低于 100 万美元； 最低报买价不低于 1 美元； 做市商数不得少于 2 个； 股东人数不得少于 300 个

二、市场估值对比

如果企业在科创板、港股主板以及纳斯达克上市的条件都符合，那么企业可以结合自己的特点来了解在哪一个市场能够得到较高的估值。目前，随着科创板的快速发展，越来越多的企业选择在科创板上市，其中一个原因是对科创板的估值有一个比较好的预期。

当然，各个市场由于特性不同，会出现不同程度的投资偏好，进而让各个行业的估值出现差异。比如，在纳斯达克市场中，投资者偏好高科技股，因此这类个股的估值往往较高；而在港股主板市场中，投资者偏好投资奢侈品个股，导致这类股票的估值相对较高。

但是，投资者需要清醒地认识到，在发展初期科创板存在着较高的不确定性，随着时间的推移，较高估值会导致新股破发现象的出现。2019 年 12 月 4 日，建龙微纳首日上市后跌破发行价，成为科创板首日破发第一股。业内人士认为，新股破发也属于市场正常的发展规律，有助于恢复市场的理性。

因此，市场参与各方都应对科创板的潜在风险有足够的心里预期。令人欣慰的是，科创板制定了保荐机构相关子公司的跟投制度，该制度要求保荐机构用部分自有资金进行跟投，这种方式能够在一定程度上对冲市场的风险。

三、“软环境”对比

总体上来说，企业如果在港股主板或纳斯达克上市，就进入了国际融资平台，能享有多元化的融资渠道、专业化的上市服务，能够提高企业的国际知名度，或许还能吸引更多的优质资金。但是，在港股主板或纳斯达克上市，也有以下缺点：

在融资成本方面，如果企业选择港股主板或纳斯达克上市，那么可供选择的中介机构的范围都比较小，同时需要支付的费用较高，导致企业整体的融资成本较高，并且上市后的维护成本也较高。

在监管环境方面，如果企业选择港股主板或纳斯达克上市，那么监管要求比科创板严格一些，退市制度执行力度更大一些。尤其对造假上市等违规行为的处罚力度较大，企业能够脱身的概率小之又小。

在股东退出方面，如果企业采用了非红筹或 VIE 架构，并且选择在纳斯达克上市，那么股东在上市之前持有的内资股在上市之后便无法退出。